増補改訂

初瀬の寺散歩

――私の長谷寺論

星野英紀

ノンブル社

長谷寺と菅原道真の「與喜天神祭礼図」（長谷寺蔵）

長谷寺全景

だだおし

プロローグ

私の父は真言宗豊山派の僧侶でさらに住職で、私の母方の祖父も豊山派僧侶で住職でした。ですから、生まれながらの縁が総本山長谷寺とはあります。しかし子供の頃に一度、長谷寺にお参りにいったことがあるだけで、それ以外では大正大学学生時代に法儀実習のために泊まり込みで二度ほど長谷寺にいったきりでした。その後、何度も長谷寺にいきましたが、しかし、今思えばうわべだけの長谷寺参拝で、精神的にも物理的にも密ではなく疎の長谷寺訪問でしかなく、いわばディスタンスを取った関係とでもいえるものでした。

ところが、老年になって環境が一変しました。二〇一六(平成二十八)年七月、私は真言宗豊山派宗務総長に就任したのであります。その四カ月前まで、宗務総長就任など考えてもおらず、私にはまったく突然のことでした。宗派には宗教的権威のトップとして管長猊下がおられ、宗務総長は宗派行政の最高責任者であります。ですから宗務総長は檀信徒さんから拝まれるような有り難い信仰上の存在というわけではありません。ところが就任してみるとしばしば総本山に出張がありますし、また総本山の宗教行事を主宰することはなくとも参加をしますし、そのほか総本山主催の会議なども頻繁です。真言宗豊山派は総本山が奈良県桜井市で、宗務所は東京都文京区にあります。東京中野の自坊を出て長谷寺に到着するまでに約六時間かかります。ほぼほぼ一日行程です。総本山に宗務所が併設されている仏教宗派の方が数多いように思いますが、豊山派と同様に総本山と宗務所が離れている宗派もいくつもあります。どちらが良いかは考え方によりますが、宗務総長になりますと、先ほど申しあげたとおり、年間に合計一カ月弱は総本山に出張します。

　つまり私の場合で言えば、それまで何年かに一度ぐらいしか総本山に、それも客分のようにしか訪問しなかった者が、頻繁にいくことになりましたので、この四年間は、否が応でも馴染むことになりました。

　宗務総長という立場でしたので、総本山の方々とも接することが多く、今まで知らなかったさまざまな事柄に親しむことが多くなりました。その結果、私にとりましても総本山という寺院の魅力が急激に増し、それと同時に興味もどんどん膨らみ、四年間の任期が終わったあともそれは続きました。任期満了となりました年にコロナ禍が襲い、また私自身大病を患いましたので総本山への往き来が大変不自由になりました。私があまり得意でない文献研究をしばらく我慢して続けることにしてその不自由をしのぎましたが、その結果、思わぬ成果も上がりました。

　私は五十年近く、大学で宗教学という学問を学び教えてきました。仏教学、真言学と宗教学との違いなど、あまり関心の無い方が大多数だと思いますし、研究者間の細かい話ですので、ここで宗教学と仏教学、真言学の違いを語るつもりはありません。しかし宗教学を学んで来た者にとって、長谷寺は大変魅力溢れる一千三百年の歴史を誇る大寺院であり、色々な宗教学的知見から長谷寺論を展開することができそうだと思い始めました。恥ずかしいことですが、私はその道の専門家のように、漢文とか古文書古記録類を詳細に読み込むことはできません。

もちろんそれができる方が、長谷寺を語るには好ましい形です。

しかし私も、いまや学問の基礎訓練を最初から学ぶほどの力は枯渇しています。ただ幸いなことに、宗教学を学んだことで、世界の宗教にはさまざまなものがあり、その多様性を解釈するという訓練を受けています。そうした宗教学で培った宗教現象を見る目、宗教現象を解釈する枠組でもって長谷寺を考えると、なかなか面白いことが言えそうだと思うようになりました。それがこの本を『初瀬の寺散歩―私の長谷寺論』と名づけた主な理由です。

総長在任中という、たかが四年間ばかりの見聞で、何が言えるかと訝しがる方々もいらっしゃると思いますし、そういう面もあるかもしれませんが、いわばテーマパーク的な面白いこと、不思議なこともある長谷寺を少しでも明らかにできたらと願っております。世間には岡目八目という四字熟語もあります。この本は純然たる意味、厳密な意味で学問書ではありません。しかし、かといって、嘘や根拠の無い憶測でのみ成り立っているわけではありません。「へー、長谷寺にはそんなことがあったんだ！」と思っていただければ幸いです。

長谷寺は創建以来一千三百年の歴史を持っています。飛鳥時代から令和の現在にいたる日本の歴史を考えたら分かるように、長い歴史のなかにさまざまな顔を長谷寺は見せています。その多様性を無理矢理に単純化しようとせずに、まさにその多様性のなかに長谷寺があると考えることが望ましいと考えます。長谷寺は多様な面を持つ仏教文化を体現していると考える方が素直な長谷寺評価ではないかと思います。

もくじ

増補改訂　初瀬の寺散歩—私の長谷寺論

もくじ

一、本尊十一面観世音をめぐるナゾ

長谷寺はなかなかナゾの多いお寺です。創建そのものがナゾめいていますから当然かもしれませんが、正式名称を「本尊十一面観世音菩薩立像」という長谷寺の観音さまはナゾの多い観音さまです。その一端をいくつか挙げてみましょう。

〈大きな観音さま〉

まずはお像そのものが大きいということで有名です。その高さは昔風に言うと三丈三尺六寸で、メートル法で言うと、一〇メートル一八センチです（台座や光背をいれない）。普通のマンションの三階分ぐらいだと思います。木像です。基本的に金色に彩色されています。現在の観音像は、十六世紀前半に造られたものです。長谷寺ではこの大きい観音像を通常

「日本随一の大きい観音さま」と言っております。日本一とは言わないのです。日本には長谷寺の観音さまより大きな木像の仏さまが存在しています。

奈良時代では大きな仏さまを作ることは、当時でも宣伝効果が絶大なものであったはずですが、人間は大きな仏像が好きで現在でも日本国中にいわゆる大仏さまが建立されています。しかしそのほとんどが木像でなく、コンクリートその他の材料で作られたものです。

〈観音さまは男性か女性か〉

観音さまを巡っては、大昔から女性か男性かの議論がなされています。泉涌寺《せんにゅうじ》の楊貴妃観音に象徴されるように観音さまには女性らしい優雅さを見いだす人も多いようです。こんなことをいうとジェンダーフリーの立場からは差別的発言と指摘されそうです。ところが観音さまの仲間には恐ろしいお顔をした方もいらっしゃいます。怒りの表情をした馬頭観音さまがそうです。

長谷寺の観音さまについてですが、『長谷寺験記《げんき》』という書物のなかに、観音さま自らが「濁った世の中の猛々しい衆生の心をやわらげることができるのは女人である。私はこの身の光をやわらげて婦女の身を現し、久しく末代に及ぶまで国家を護り、衆生に利益を与えよう」（横田隆志『現代語訳　長谷寺験記』第二話、総本山長谷寺、二〇一〇年）とおっしゃったと書かれております。『長谷寺験記』というのは長谷寺の観音さまのさまざまなご利益話を集めた書物で、中世に完成したのではないかとされています。ですから「客観的事実」を述べているという本ではないのですが、長谷寺観音イコール女性という話を広める力はあったはずです。

〈右のおみ足を踏み出している観音さま〉

この観音さまはお立ちになっているお姿をしていますが、お堂のなかに入り観音さまの足元までいくと足首に触ることが出来ます。両足首が揃って立っているのではなく、右足がやや先にでているお姿をしています。これは観音さまが人々の救済にすぐ歩み出せるように準備体勢をとっているからと伝えられています。このおみ足を触りながら、大きな観音さま像を見上げるというお参りの姿勢を皆さんおとりになります。

〈右手に錫杖を持つ長谷寺の観音さま〉

世に長谷寺式という、長谷寺の観音さま特有のお姿の一大特徴は、右手に錫杖《しゃくじょう》をお持ちになっていることです。錫杖といえばお地蔵さまが必ずお持ちになっています。それは、苦しんでいる衆生を素早く救済に向かうために、つねに立ったまま錫杖を持ち、準備をしているのであると説明されています。右のおみ足を先に出されている姿と同様です。しかしこれには異論もあって、仏像とはきちんとした規則に則って作られるように儀軌《ぎき》（仏像の造形等に関する規則や決まりを集めた書物）を根拠として製作されるのであり、錫杖をお持ちになっているからといって、すぐに地蔵さまの影響などというのはイージーすぎるとおっしゃる学者さんもいらっしゃいます。しかし慈悲、慈愛の仏さまである地蔵菩薩と、あらゆる衆生の願いを聞き入れるとされる観音さまはその性格に共通するところがあり、それゆえ地蔵さまも観音さまも衆生に大変人気があるわけで、錫杖の話もあながち、堅苦しく儀軌違反つまり「決まり違反」としてしまうのもどうかなあと思わないでもありません。

〈十一面とは〉

十一のお顔を持つという意味です。その十一のお顔は観音さまの頭上に乗っています。長谷寺の観音さまはあまりに大きいので、頭の上まで簡単には見ることができないのが残念ですが、十一面観音は昔から人気があり、各地に素晴らしいお姿の十一面観音が祀られておりますので、頭上にまします十一（時には十）面の小さな仏さまにもご注目ください。中央の仏さまは阿弥陀さまで化仏《けぶつ》とよんでいます。残りの十の仏面はそれぞれ表情が違います。つまり正面の三体は菩薩さまのような穏やかなお顔、左側は瞋《いか》りすなわち怒ったお顔が三体、右は牙を出したやや怖い顔が三体、そしてま後ろの仏面は暴悪大笑面と呼ばれる、大笑いしている一体です。

つまり、真ん中の阿弥陀さまのように、穏やかなお顔ばかりでありません。怒りのお顔、牙をむいたお顔、そして大笑いをしているお顔など、救済する相手によって、様々な表情を示し、結果としてすべての衆生を慈《いつく》しんでくださるという、仏教の理想を十一面観音さまで現しています。

〈なぜ観音さまの真うしろに、背中合わせに阿弥陀さまが祀られる?〉

ご本尊十一面観音像の真裏に、阿弥陀如来来迎図が描かれているのをご覧になったことがありますか？ 阿弥陀如来来迎図とは、お念仏の信者さんの所に、その方がご臨終の際、阿弥陀さまが二十五人の菩薩さまを付き従えて現れ、その信者さんを西方極楽浄土へ導くという『無量寿経』に基づく信仰があり、この情景を絵画化したものが来迎図です。全国に多くの来迎図があり、どれもその荘麗なビジュアルさが我々の心を打つものです。実はその来迎図が、長谷寺の十一面観音像の真うしろの板張りの上に、大きく描かれています。なぜ観音堂の裏手に、阿弥陀さまの大きな絵が描かれているのでしょうか。

実は、阿弥陀さまと観音さまはとても近い存在です。阿弥陀さまが菩薩二人を従えている阿弥陀如来三尊像は大変ポピュラーなお姿です。そのおつきの二菩薩さまは観音菩薩さまと勢至菩薩さまです。仏さまの位からいくと、如来である阿弥陀さまは、菩薩さまよりランクが上です。二人の菩薩を阿弥陀さまが従えているといってもおかしくありません。

そして、十一面観音の頭上には小さな仏さまが十一（たまには十）あるのですが、その中心は阿弥陀さまです。このように観音さまは阿弥陀さまに大変近い存在なのです。しかし、長谷寺の観音堂では、観音さまよりランクが上にもかかわらず、阿弥陀さまは、お堂の裏側の薄暗い板の上に描かれています。私は〝裏側〟に祀られているということに、なぜ？という疑問をずっと前から懐いているのですが、どうも適切な答えが見つかりません。

いま阿弥陀さまが描かれているお堂は江戸時代に徳川家光公からのご寄進により建立されたものです。完成は一六五〇（慶安三）年です。すでに新義真言宗の総本山となってからです。その前の観音堂つまり火災に遭う前の観音堂に、いまと同じような阿弥陀如来来迎図が描かれていたかどうかは分かりません。

長谷寺は観音信仰をメインに多くの信者さんを長年にわたってひきつけてきたことは確かです。しかし阿弥陀信仰自体も平安中期頃から近畿地方を中心に盛んになり、平安末期には、日本を席巻するような勢いを見せました。実際のところ、念仏信仰は長い日本仏教史においても、最大の仏教信仰だったと言えると思います。その後、鎌倉時代になっても阿弥陀信仰への関心は衰えず、日本の仏教史に確固たる地盤を築くようになりました。長谷寺においても鎌倉時代から念仏行者が滞留していたことはすでに分かっています。長谷寺を支えてきた勧進《かんじん》聖《ひじり》（お寺の建築や復興の資金を集める僧侶）の中心は念仏系のお坊さんでした。

ですから、長谷寺では南無阿弥陀仏を唱え寄進を募る僧侶が江戸時代より遥か以前から活躍していたのです。私が思うに、観音さまの〝裏側〟に描かれた阿弥陀如来来迎図は、江戸期よりずっと昔から描かれ、拝まれてきたのではないかということです。

今の観音堂の裏側には、外廊下から中を拝めるというか覗ける、小さな窓がついています。阿弥陀如来来迎図の前には身の丈一メートル強の十一面観音像(通称「裏観音」という)が祀られています。かつて、本尊さまである観音さまのご開帳はそれほどしばしば行われてはいませんでした。ご開帳には朝廷の許可が必要だったのです。それゆえ閉帳中に長谷寺にお参りにきた参拝客はその窓から裏観音さまを拝んだと言われています。しかし観音信仰と並行して存在していた阿弥陀信仰もまたこの小窓が役割をはたしていたのではないか、と私は考えています。また、現当二世《げんとう》安楽と仏教では言います。「現」とは現在世、「当」とは当来世つまり未来世のことで、現当二世安楽とは、現在、未来の二つの世で安楽に暮らすということです。それゆえ現世利益の観音さまと来世安楽の阿弥陀さまの双方を同時にお参りしても問題無いわけであります。

ある研究者は、修正会《しゅしょうえ》、修二会《しゅにえ》を行う奈良の寺院では「後戸《うしろど》の神」といって、お堂の正面ではなくお堂の後《うしろ》の方に、より霊威の強い神仏を祀る場合があると述べています(高取正男『民間信仰史の研究』法蔵館、一九八二年)が、関連あるかどうか、今後の課題にしたいと思います。

二、古代長谷寺と法華説相図

一　創建のころ

長谷寺がいつ頃創建されたかという問いは、きわめて興味深いものの、資料が乏しい古代の話ですから、なかなか定まった話はしにくいものです。神話とか言い伝えや伝承、寺社の場合でいえば「縁起《えんぎ》」（寺社の由来）などで、昔の人々は寺社の歴史を作りあげていました。

「縁起」とはお参りに来る人々を感銘させたり驚かせたり、そしてその祀《まつ》る神仏に魅力を感じさせるべく構成されていますから、現代人の考えとはほど遠いものもたくさんあります。だからといって寺社の縁起などがまったく真実ではない、荒唐無稽のものばかりかと言ったら、そうでも無い場合もあるので、その点はやや厄介なことです。特に官寺《かんじ》（朝廷、いまでいえば国が建てたお寺）であれば、創建の歴史は明らかなことが多いのですが、私寺（貴族や豪族、一般民衆などが建てたお寺）は史料も乏しい場合が多く不明の場合が多いのです。長谷寺もその一例といえます。

このように創建については正確に言い当てることは難しいのです。七世紀末から八世紀初めに創建されたのではないかというところが研究者間の一応の合意だと思います。時代でいうと飛鳥時代後期から奈良時代始めということになりましょうか。年号が確定できなくとも、長谷寺は一千三百年余の歴史を持つお寺です。

現在の長谷寺は、決して交通の便のよいところにあるわけではありません。私たちが普通に長谷寺へいくとすると、京都で東海道新幹線から近鉄に乗り換え、長谷寺駅か桜井駅で降車して、そこから長谷寺までタクシーです。私の場合、自坊を出て長谷寺の本坊に着くまで約六時間です。せめて長谷寺が京都にあればなあと、執務の必要からたびたび訪れた長谷寺を宗務総長時代に何度思ったことでしょうか。京都や大阪のような大都市と比べて長谷寺のある桜井市初瀬という場所は便利といえません。

長谷寺の町に今風の便利な宿泊施設なども少ないです。同僚の僧侶のなかには、長谷寺も乗り物の便がよければもっと参拝者が増えるのになあと嘆く方もいます。

電車の便は良くないし、門前町に今風のカフェやレストランもほぼ無い長谷寺は、つくづく田舎の寺だなあと思います。なんでこんなに地味なところに総本山があるの？と思うのですが、実は長谷寺が建った一千三百余年前は、長谷寺のある桜井市周辺は日本の中心であり、外国の文物や知識が伝わり、外国人の出入りも珍しくない、国際色溢れる地域だったのです。いまの静かな町とはまったく違う雰囲気だったということは間違いありません。

二　仏教伝来の地

古墳時代、飛鳥時代、奈良時代と日本の中心であった奈良平野からみて、泊瀬《はつせ》は、奈良盆地の中心部の平地部からみると、三輪明神大神《おおみわ》神社のある三輪山《みわやま》の背後にある、奈良の中心からは見えない「隠国《こもりく》の泊瀬」だったのでした。今でも初瀬のあたりを東奈良と呼ぶ人もいるようです。しかし、山の向こう側といっても、奈良盆地の先進都市であった桜井から初瀬川沿いに一〇キロメートルほどですから、飛鳥や奈良盆地から直接的にその高度文明の影響を受ける十分な距離に長谷寺はあります。

実際、初瀬に始まり桜井市、明日香村、橿原市にかけては、歴代天皇の宮跡、古墳などが数多くあり、文字通り、古代日本の中心地に長谷寺地域は隣接しています。長谷寺のもっとも古い歴史を説く書物には、古墳時代の何代もの天皇、神話の神々などが奇跡的なさまざまな行いをしたり、百何十年と長生きをされた天皇とかが出て参ります。現代からみれば、荒唐無稽な、にわかに信じがたい神々の話が出てきます。しかし古代においては、神と自然と人間がきわめて近接して生活をしていたはずです。もちろん、生活上の合理的知識などは当時の人たちも持ち合わせていました。しかし、自然災害などから感ずる、人間がコントロールしかねる大きなパワーである自然の脅威に、人間を超越する存在を見て取ったはずです。これは、仏教がきちんとした形で伝えられる遥か昔のことです。

さて仏教が日本に公に伝えられたのは、五五二年あるいは五三八年と言われています。五三八年説が最近では有力と言われています。

公伝《こうでん》とは聞き慣れない表現ですが、つまり個人的でなく「正式に、公人によって」というような意味です。その時に朝鮮半島の百済の聖明王《せいめいおう》から日本の天皇に仏教が伝えられたということです。百済の聖明王（聖王）が使いを遣わして、仏像、経論、幡蓋《ばんがい》（仏具の一種でお堂内部の装飾品）を伝えられました。

ここでの一番の問題は、伝えられたという場所が日本のどこかということです。実はそれが現在の桜井市金屋という場所であり、いま立派な「仏教伝来の地」碑が建立されています。いまや桜井市は日本古代の有力な中心地として考えられるようになり、桜井市の纒向遺跡《まきむくいせき》は邪馬台国跡で近くの大きな古墳は卑弥呼の墓ではないかと推測され

「仏教伝来の地」碑（桜井市金屋）

ています。

仏教を伝えたという百済の王さまの使者はどのようにして内陸の桜井市まできたのでしょうか。大阪湾の堺から大和川を船で上り、そのまま初瀬川に入り今の桜井市に至ったといわれています。

大阪の堺方面から桜井に至るまでの道のりで、今の橿原市から桜井までは、飛鳥時代には一部道幅が三〇メートルはあったと推測されるような道で結ばれていて、日本最初の官道とよばれています。つまり、この地方は現在の物静かな桜井市とはまったくおもむきの異なった町だったのです。

この「仏教伝来の地」碑のある金屋はかつて海石榴市《つばいち》（椿市とも書く）と呼ばれていた場所の近くでもあり、交通の要所として栄えたところで、摂関時代などは京都から長谷寺参りに来る人々が海石榴市に必ず泊まり、翌日からの長谷寺到着に備えた場所でもあります。

長谷寺はこの海石榴市から約一〇キロメートルの近さであり、またその間には五世紀後半には雄略天皇の天皇宮（住まい）だったところがあり（泊瀬朝倉宮跡）、古代から人の往き来の多い地域にあったことがわかります。

桜井市から大和川下流、大阪堺方面を見る

七世紀は飛鳥時代、白鳳時代などと呼ばれ、日本の国家創成期に当たる時期ですが、文化的には仏教が大きな力を発揮した時代でもあります。仏教公伝から奈良時代ぐらいまでは圧倒的な大陸文化によって骨格を形作られていた日本において、仏教の政治的および文化的威力は、現在の仏教と日本社会の関係からは計り知れない力を持っていたに違いないのです。

七世紀の飛鳥地域にはいくつも巨大寺院が建立されました。飛鳥寺（豊山派所属）、川原寺（現在は弘福寺《ぐふくじ》、豊山派所属）など、さらには七世紀後半に造営された藤原京にも大寺が建立されました。七世紀後半に藤原宮が出来てわずか数十年で新たな平城京ができ、そこにも大きな寺院が作られました。

八世紀にはやや北の今の奈良市に都が移り、さらに九世紀には京都に遷都ということで、特に飛鳥地域は次第に静寂な地域となっていくわけです。遺跡に取り囲まれた現在の閑寂な桜井市周辺の地域を見て、そこから七〜八世紀ごろの長谷寺や飛鳥地域周辺をそのまま閑寂な地であったと考えるのは違うと思うのです。

伝統的には長谷寺は道明《どうみょう》上人が七世紀末に三重塔を建立したことにより始まったとされていますが、道明上人は川原寺の僧侶と言われており、長谷寺との一方ならぬ関係を暗示しています。長谷寺は民間が建立した寺院でしたが、道明上人という勅願僧侶との関係を見ても、飛鳥地方の中核ときわめて近接していたわけであり、そこの関係、影響を考えずして、長谷寺の性格を考えることは不可能であろうと思います。

三　道明上人と徳道上人

伝統的には、本《もと》長谷寺というお堂を道明上人が六八六（朱鳥元）年に建立され、その後、現在の観音堂にあたるメインの長谷寺を作った人は徳道上人（六五六〜?）だと伝えられてきました。

徳道上人は、「沙弥徳道」と明記され修行者としては際立った方で、行動派のお坊さんだったと思われます。兵庫県揖保《いぼ》郡出身と伝えられ、飛鳥の弘福寺《ぐふくじ》の道明上人のお弟子さんだったようです。徳道上人はいまの初瀬に堂宇を建てたいと願い、師僧の道明上人の勧めもあり、初瀬の地に放置されていた楠の大木を用材に仏像を彫ることを決意しました。その木の由来を土地の人に問い合わせたところ、大変厄介な楠であることを告げられました。この楠は大昔、滋賀県高島郡にあり、そこから流れだしたのですが、止まる場所ごとに住民に祟りを与えたといわれ、八木、当麻など奈良県のいくつもの場所に移り運ばれましたが、いく土地、いく土地で疫病や災いを住民に与えて困らせ、ついには厄介払いされて初瀬の地に流れついたのです。その話を聞いた徳道上人は、この木こそ霊木で仏像彫刻にふさわしいと思い、それから長い間、願いを抱きながら修行を続けました。

しかしなかなか効なく時が過ぎましたが、ある夜に初瀬の東の峰に祈れば所願成就するであろうという不思議なお告げをいただき、徳道上人は霊木を引き上げ香華を供え礼拝しました。その頃、奈良の藤原北家の藤原房前が初瀬に参り、徳道の願いを後援する旨、約束しました。その結果、この藤原北家の力により、朝廷から香稲《こうとう》三千束が徳道に与えられました。香稲とは香華料ということで三千束とは玄米約百五十石に相当し、当時としては非常に貴重なご下賜品だったようです。

こうして徳道上人は七二九(天平元)年、くだんの楠のお加持をし、仏像を作り始めました。二名の匠によりわずか三日間で大観音像はできあがり、七三三(天平五)年、行基《ぎょうき》菩薩導師のもと百人の僧侶の出仕で、開眼《かいげん》供養がなされたと伝えられています。

長谷寺ではいつの頃からか、「開創道明上人・開山徳道上人」と唱えて、その徳を讃えています。つまり道明上人の本長谷寺創建が六八六(朱鳥元)年、徳道上人の長谷寺観音堂開眼が七三三(天平五)年ということで伝えられてきました。しかしここ四〇年〜五〇年の学界での研究では、右記の道明上人の本長谷寺創建六八六(朱鳥元)年説、徳道上人の観音堂開眼式七三三(天平五)年説が、揺らいできています。それはほかでもなく、国宝の長谷寺銅板法華説相図の研究成果と深く関わっています。そこで次にその法華説相図について考えてみましょう。

四　長谷寺銅板法華説相図

長谷寺の誇る文化財といえば、すぐに思いつくのは国宝の観音堂ということになります。しかし、それに劣ることない、あるいは文化史上の意義からいえば観音堂に勝るかもしれない文化財が、長谷寺銅板法華説相図《どうばんほっけせっそうず》です。お堂や仏像からみれば、この銅板は縦八三・三センチ、横七五・〇センチの、大人なら一人で持てるほどのもので、加えて銅板の右下は一部破損しており、長谷寺の観音堂の美事なたたずまいからいえばかなり地味なものです。しかしその仏教美術史上の意義は、私たちが学校で習った法隆寺の玉虫厨子に比肩されうる価値があり、さらに玉虫厨子には無い文字史料が刻まれているということから、幅広い研究者から多くの熱い視線を投げかけられてきました。

このたびこの稿を起こすために、この法華説相図を改めて勉強することになりました。仏教文化財として長谷寺が誇る素晴らしい国宝であることを再認識することができました。しかしそれまでの私は、特に若い頃は別の感想を持っていました。

それは次のようなわけです。京都や奈良といえば、いくつもの国宝を有するお寺さんが多くあります。子供の頃、わが長谷寺にはなぜ国宝が一つしかないのか、かなり残念な思いを懐いてました。密かにやはり長谷寺は奈良、京都の国宝を持つ有力寺院より劣るのかなという思いがありました。それも、長谷寺にある国宝は長谷寺銅板法華説相図であり、美しい仏像や建物を誇る他寺院に比べると、なんとも地味な国宝だと思いました。さらにその銅板の一角が欠損しています。書かれた文字を解読したものを読んでもなんとなくパッと目が覚めるような内容ではないなと思いました。難しくて理解できなかったということなのです。

長谷寺研究を始めてみてわかることは、長谷寺研究者の枠がやや宗門の方々に限られているということです。もちろん宗門の学者さんに不満があるわけではなく、優れた業績を上げられた方々ばかりですが、長い歴史と様々なトピックに満ちあふれる長谷寺にしては、研究者の絶対的数が少ないのではないかということでした。火災が多く資料があまり残っていないという理由もあるかもしれません。

しかしこの銅板法華説相図の研究者数は、宗門関係の学者よりも圧倒的に宗門外の法華説相図研究者が多いのです。この銅板の研究者たちは豊山派という枠を超えた学者たちで、仏教学や仏教史の人々だけではなく美術史学者、書道研究者、古代大陸との文化交流史研究者など、大変な広がりを持っていることがわかりました。その研究によりますと彫られている文字の書体は中国、朝鮮の影響が明瞭でありますし、書かれている経文は大乗仏教の代表的経典である『法華経』でありますし、この銅板を作ったと明記されている道明上人は帰化人系の僧侶だったといわれていることなど、一宗派の枠を超えた文化財ということが判明しているのです。そして、このような幅広い研究によって法華説相図が長谷寺の歴史をさらに豊かな世界に導いていくことにもなりそうなのです。

たとえば長谷寺創建の時代は七世紀末から八世紀前半ということになりましょうが、その頃の長谷寺を含む奈良地域は、いまの静かなたたずまいの桜井市、明日香村、橿原市周辺からは想像もつかないような、賑やかで刺激的な世界であったことはすでに触れました。本章の別のところに書いたように、六世紀半ばには桜井市には朝鮮半島からの船が大阪湾より到着していたわけです。七世紀には桜井市より橿原市まで道幅三〇メートルをこえる道路があり、町には外国人が行き交い彼らの持ち込んだ外国文明が溢れていました。法華説相図を製作した道明上人は帰化人系の人物と言われています。もちろん半島や中国大陸への海路は大変な困難を伴うものであったはずです。しかし飛鳥や奈良には高度の外国文明とそれを携えてきた外国人が、ごく普通の風景として存在していたに違いないのです。

五　法華説相図の内容

具体的に法華説相図がどのようなものであるか、説明してみましょう。

縦八三・三センチ、横七五・〇センチ、厚さ約二センチの銅板であり、大きなサイズではありますが、かつて火災のとき、長谷寺の高僧がこの銅板を持ち出したと伝えられていますから、大人の男性が持つことのできるような重量です。

描かれている構図は三層に分かれています。中央部には第一層と第二層を貫く形で三重塔が鋳出《いだ》されていて、その塔は三層構造です。三重塔の最上層には舎利壺（お釈迦さまのお骨を入れた壺）、中層には多宝如来、下層には釈迦如来、多宝如来二体が祀られています。三重塔のまわりは千体仏、七尊仏、三尊仏、仁王像などが数多く鋳出されています。銅板そのものの最下層部には二七行、二七三文字からの銘文が刻まれています。この文字史料が極めて貴重で、字句の解釈を巡っては多くの学者の関心を呼ぶことになり、この銅板への関心を弥《いや》が上にももり立ててきたのです。幸い現代語訳があるので以下にそれを紹介いたします。

仏陀は説かれた。「もしある人がストゥーパを建てるのに、その小さいこと阿摩洛菓の実ほどのものを建て、仏舎利は芥子粒ほどのものを中に安置し、刹は大きめの針ほどのものを以てし、その上には小さい棗《なつめ》の葉のような相輪を安置したとしても、あるいは仏像を麦粒ほどの大きさにつくったとしても、その功徳によって得られる福徳はきわまりないであろう」と。よってここに、天皇陛下のおんためにつつしんで千仏多宝仏塔をおつくり申しあげる。（その千仏多宝仏塔の形は）塔の上層に仏舎利を安置し、中層には多宝仏の全身をかたどり、下層には（釈迦・多宝の二仏）並坐をあらわす。（十方世界において説法をしていた釈尊の分身の）諸仏は（釈尊の呼びかけに応じて）ことごとく参集し、（侍者として諸仏に率いられて来た）菩薩たちもまた（多宝塔を）取り囲む。声聞（仏の説法を聞いて悟る者）と独覚（師なくして悟る者）は釈尊を補佐し、金剛力士と獅子は釈尊の威徳を際立たせる。伏して思いまするに聖帝（天皇陛下）の徳は金輪聖王（俗界の理想的君主）をしのぎ、弥勒菩薩に等しく、真諦（出家者）と俗諦（在家者）の二種の衆生をすべからく悟りへ導くこと、きわまりがない。願わくば、天皇陛下の偉業が永久に顕彰され、絶えることのないように。天地が堅固であるように、仏法の世界が絶えることのないように。崇高なる霊峯をよりどころとなし、星漢（天の川）の輝きがこれを照らし、未来永劫に瑞厳に秘蔵するために、堅牢な金石に及ぶものはない。つつしんでその銘を刻んで言う。

悟り（上覚）への道は遥かに遠いが、悟りの境地に至られた釈尊（大仙）はなんと偉大なことであろう。理（究極の真理）は人智を超えるほどすぐれており、事（実際の現象）が縁起（因縁・因果）を知るきっかけとなる。（この銅板をつくることによって）まことの帝釈天の姿がここ豊山に降臨し（この山を仏教の聖山である須弥山になぞらえて讃え）、

二、古代長谷寺と法華説相図

長谷寺銅板法華説相図（長谷寺蔵）

霊鷲山の多宝塔がわが心の泉に湧出した。錫杖を負って遍歴遊行し、琴を奏でて修練し、瞑想のために林を拓いて坐し、(枕石の語のように)自然の中に隠遁して雑念を払って修行に励む(には、この地は恰好の場所と言えよう)。(千仏多宝仏塔をおつくり申し上げたという)すぐれた行い(勝善)によって、ともに真理に到達しよう。現在の世(賢劫)において、ここに現れる諸仏に会おう。①歳は隆婁(戊の年)にやどる七月上旬、②道明が八十人ばかりの人を率いて、飛鳥浄御原宮に天下をお治めになっている天皇のおんために、つつしんでおつくり申しあげる。

(片岡直樹『長谷寺銅板法華説相図の研究』中央公論美術出版、二〇一二〈平成二十四〉年、七六～七七頁)

作者は道明上人だと明記されています。内容は『法華経』の「見宝塔品」の一部で、お釈迦さまのお説法が始まろうとすると地中から巨大な宝塔が出現し、説法を聞こうとする大勢の如来たちが現れるという内容が描かれています。『法華経』でもっとも大切な説法が始まる場面を述べており重要な部分をしめています。この重要な場面を描くことで、天皇陛下の安寧を祈らんがためにこの銅板が造られたという旨が説かれ、傍線②の部分の道明上人と八十人ばかりの人々がそれに従事したと書かれています。その天皇がどなたなのか、それがいつ作製されたものかについては、研究者によりいくつかの解釈があります。この説相図の文章のなかの天皇とは、天武天皇だろうか持統天皇だろうか、傍線①の部分隆婁（戊の年）とは何年のことなのだろうか、といった点に侃々諤々《かんかんがくがく》の議論がなされる場合もありました。それはある時は極めて激しい議論でありました。私も多少見聞きしたことがありますが、学者の論争というのはヒートアップすると相当なものになるときがあります。

文章は難解ではありますが簡潔であり、また字句を描く方法が「浚《さら》い彫り」という、当時の日本ではめずらしく大陸で盛んに行われていた技法であることも、研究者のアカデミックな関心を呼ぶところとなっています。

当初は現在の長谷寺外に祀られていたという銅板法華説相図も、長谷寺に祀り込まれてからも様々な歴史を経験しており、平安期の火災で一時焼失という報告がなされながら再発見されたこと、その再発見は公式には発表されずに長谷寺に半ば秘密に保管され、一部の人のみに継承されてきたこと、江戸時代にこの銅板の拓本が外部に漏れ、そのことからこの拓本の文化財的重要性が外部に認識され、山外の好事家や学者に注目されるようになったという事情もあったとも伝えられています。

伝統的には七世紀末に、道明上人がこの法華説相図を祀って本《もと》長谷寺を創建し、その後、数十年後に徳道上人が長谷寺観音像と観音堂を建立したということになっています。しかし、近年の研究によって、学術的には、道明上人が銅板を作製したということは、銅板に書き残されていることから確実ですが、道明上人は長谷寺を創建した僧ではないという説がいまやほぼ定着しています。

そして八世紀初めの長谷寺建立は、道明上人を牽引者の一人とする徳道上人らによってなされたという推測も逵《つじ》日出典氏らにより唱えられています。逵氏によれは、長谷寺については、道明上人のもと徳道上人らを率いて「七二〇（養老四）年に、何等かの創建事業に着手し、七二七（神亀四）年に完成した」と推測しています（逵日出典『長谷寺史の研究』巌南堂書店、一九七九年、二四頁）。逵氏の研究については宗門研究者も「精緻」と評価している点については付け加えておきます。道明上人は、飛鳥時代の大寺である川原寺《かわらでら》の住職だともいわれ、帰化人系の僧侶と言われております。川原寺は弘福寺《ぐふくじ》といっていまも明日香村に存在しており、真言宗豊山派所属の寺院です。いま訪ねると、このお寺は往時の大伽藍を偲ばせる遺跡に取り囲まれており、一瞬、飛鳥時代に私たちを引き戻してくれる感じがあります。平安期の弘法大師の時代には、この川原寺は大師が京都と高野山を往復する場合に宿泊したお寺という言い伝えもあり、真言宗にとって大切な大師ゆかりの寺院ということから平安時代の歴代住職には真言宗の高僧の名前も出てきます。

長谷寺は道明上人、川原寺を通じて弘法大師とも繋がっているわけです。飛鳥から奈良へ、そして奈良から京都へと日本の中心はいわば北進していくわけですが、弘法大師の活躍の地域は奈良地方と深い縁があり、その東の一角に長谷寺もあるということになりましょう。

三、「わらしべ長者」

「わらしべ長者」は非常に多くの日本人が知っている説話です。実はこれは長谷寺でのお話です。「実は」などとあえていうのは、わらしべ長者の話を聞いたことがある人は沢山いるのですが、これが長谷寺を舞台にした話であるとは知らない方が意外に多いことを知りました。かくいう私もそのおおもとの資料を詳しく見たことがなかったので、少し長くなり恐縮ですが、それをここで紹介してみましょう。フルバージョンで長くて恐縮ですが、我慢して読んで下さい。

今は昔、父母も主人もなく、妻も子もなく、まったく身寄りのない一人の若い侍がいた。①どうしようもなかったので、「観音さま、お助け下さい」と、長谷寺へ参り、観音さまの御前にうつぶせになって訴えるには、「この世にこんなふうに生きていく定めなら、このままこの御前で飢えて死のう。もしまた万一、偶然良い機会に恵まれるのであれば、そのような兆しの夢を見ないうちはここを出るまい」と誓願して、うつ伏せになっているのを寺の僧が見て、「これは何者がこんなことをしているのか。物を食う様子もない。このようにうつ伏せになっていると死の汚れも持ち上がって寺のためにもならず、一大事になるであろう。誰を師の僧としているのか。どこで物を食べているのか」など尋ねると、「こんな寄る辺のない者にどうして師の僧などおりましょうか。食べ物をもらう所もなく、気の毒と言う人もいないので、仏の下される物を食べて、仏を師とお頼み申しているのです」と答えた。そこで、寺の僧たちが集まって、「これはとても困ったことだ。②寺のために良くない。観音さまに恨みがましく愚痴を言っている。ここで皆で養ってあげよう」と言って、かわるがわる物を食わせたので、僧たちの持ってくる物を食いながら、観音さまの前を立ち去らずにいる間に、二十一日が過ぎてしまった。

二十一日目の夜が明けようとする夜の夢に、御帳《みちよう》から人が現れて、「この男が、前世の罪の報いを知らずに、③観音さまに恨みがましく愚痴を言うのは、まことにけしからんことだ。とはいえ訴えて申すことがとても気の毒なので、少しばかりのことをお取り計らいくだされた。まずさっさと退出せよ。退出のときに、何であれ、手にあたる物を取って、捨てずに持っておれ。早々に退出せよ」と追い払われた。それで男は這《は》うように起き出し、約束の僧のもとへ行って、物を食って退出したとき、大門の所でけつまづいて、うつぶせに倒れてしまった。

起き上がったときに、無意識のうちに手に握られている物を見ると、わらしべをただ一筋握っていた。これが「仏が下される物であろうか」と、非常に頼りなく思ったけれども、「仏がお計らいくだされた訳もあろう」と思って、これを手でもて遊びながら進んでいくと、虻《あぶ》が一匹、ぶんぶんと羽音をたてて顔の周りを飛び、うるさかった。木の枝を折って、追い払うが、ただ同じようにうるさく羽音を立てるので、捕まえて、虻の腰をこのわらしべで引っ括《くく》り枝の先にぶら下げて持っていると、虻は腰を括られていて外《ほか》へはいけず、ぶんぶんと飛び回るのを、長谷寺参りの女車《おんなぐるま》の簾《すだれ》の頭を持ち上げるようにして坐っていたたいそう美しい童子が、「あの男が持っている物は何か。あれをもらい受けて私に下さい」と馬に乗って供をしている侍に言ったので、その侍

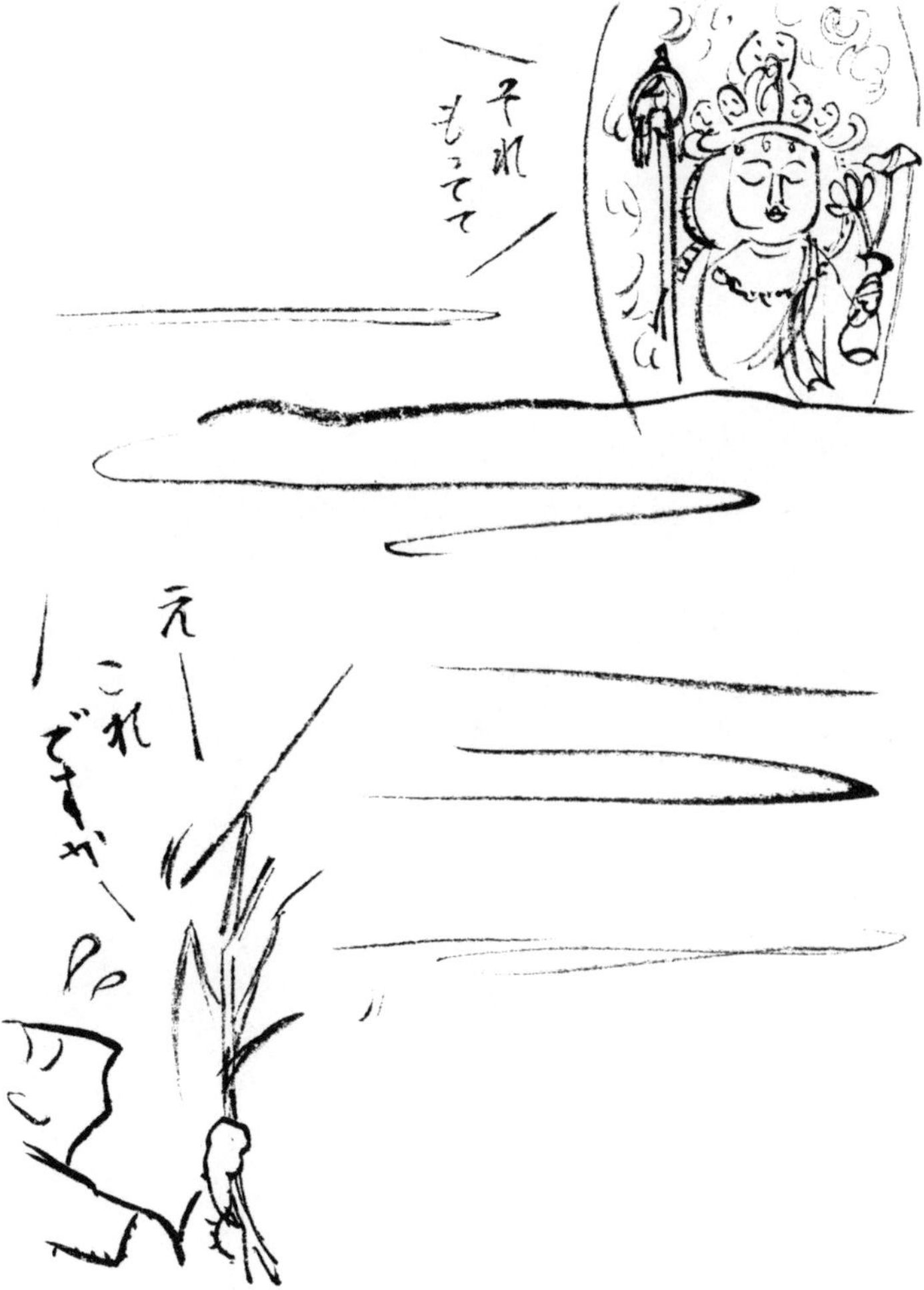
それ
もってて
え
これ
ですか

は、「その持っている物を若君がご所望になっている。さしあげよ」と言ったので、「仏からいただいた物ですが、そのように仰せであればさしあげましょう」と進呈すると、「この男、大変感心な奴だ。若君がご所望のものをすぐに進呈してくれるとは」と言って、そのお礼として、大きな蜜柑を、「これを。喉が渇いているであろう。食べよ」と、三つ、たいそう上等なみちのく紙に包んで与えられたので、侍は取り次いで渡した。

「わら一筋が大きな蜜柑三つになったぞ」と思って、木の枝に結いつけて、肩にかついでいくうちに、由緒ある人のお忍びの道中と見えて、侍などを大勢引き連れて歩いて来た女房が疲れて、しゃがみこんで苦しそうにしていた。「喉が渇いた。水を飲ませよ」と気を失いそうなので、供の人たちはあわてふためいて、「近くに水はあるだろうか」と、あわてて走り回って探すが水はない。「これはどうしたものか。もしかしたら御旅籠馬《はたごうま》に積んであるかもしれない」と尋ねると、「馬は遅れて遥か後ろです」と言って見えない。女房はもう死にそうな様子で、供の者たちが、ほんとうにあわてふためいて処置に困っているのを見て、男は、「喉が渇いて騒いでいるんだな」と、そっと歩み寄って見ていると、人々は、「こなたは水のある場所を知っているだろう。

この辺り近くに清水が出ている所があるか」と聞いてきたので、「この近くには清水はございません。いったいどうしたのですか」と尋ねると、「歩くのにお疲れになって、水をご所望であるが、水がないのだ。主人の一大事であり、尋ねるのだ」と言う。男は、「お気の毒なことです。水のある所は遠く、汲んで来るならかなり時間がかかるでしょう。これはいかがでしょう」と、包んだ蜜柑を三つとも供侍に手渡すと大喜びして、女房に食わせると、女房はそれを食べてやっと目を見開いて、「これはいったいどうしたことか」と言う。

「喉がお渇きになり、『水を飲ませよ』と仰せになって、そのまま気を失われましたので仰せの通り水を求めましたが、みつけることはできませんでした。しかし、ここに控えます男が思いがけず我々の事情をすばやく察して、この蜜柑を三つ献上してくれましたのでさしあげたのです」と答えた。すると、この女房は、「私は、それでは喉が渇いて気絶していたのか。『水を飲ませよ』と言ったのだけは覚えているが、その後のことはまったく覚えていない。この蜜柑を食べられなかったら、きっとこの野中で死んでいたであろう。なんとありがたいお方だったのか。その男はまだいるのですか」とお尋ねになると、供の侍が「あそこにおります」と答えた。「その男にしばらく居るように言いなさい。どんなにありがたい観音さまのご利益があっても死んでしまっては何のかいもなくなっていたでしょう。礼として男が喜ぶことをしてやりたいが、こんな旅の途中ではどうすればよいのか。食べ物は持って来ているのでしょうか。持たないようなら食べさせてあげなさい」と言う。そこで、「おまえ、しばらくそこに居れ。御旅籠馬などがやってきたら、食事をしていけ」と言うと、「承知しました」と、控えていると、旅籠馬《はたごうま》、皮籠馬《かわごうま》などが到着した。「なんでこんなに遅れて来たのか。御旅籠馬などはいつも先にいなくてはならないのだ。急を要することもあり、こんなに遅れてよいものか」などと言って、すぐにまん幕を張り、畳などを敷いて、「水のある場所はここから遠いようであるが、お疲れなので、お食事はここでさしあげよ」と、お供の人夫たちを遣わしたりして水を汲ませ、食べ物を用意したので、この男にも、支度をして食べさせた。物を食べながら、「さっきの蜜柑は何になるだろう。観音さまがお許りになったことなので、まさか何のいいこともないままに終ることはないだろう」という思いを抱くうちに、女房は、白い立派な布を三疋《むら》取り出して、「これをあの男に与えよ。蜜柑のお礼は言葉では言い尽くせないものだが、こんな旅の道中では男が喜ぶようなお礼をすることはできぬ。これはただ感謝の気持ちをあらわしたものである。京の住居はこれこれである。必ず来なさい。この蜜柑のお礼をいたそう」と言って、布三疋を与えた。男は喜んで布を受け取り、「わら一筋が布三疋になったぞ」と思って、小腋《こわき》に挟んで行くうちに、その日は暮れてしまった。

街道に面した人の家に泊まって、夜が明けると鳥の鳴き声と共に起きて、いくと、陽が昇り、午前八時ごろ、何とも言えず立派な馬に乗った人が、この馬をやさしく労りながら、先へ進みもせず、乗り回している。「何とも言えず良い馬だな、これが千貫けなどという名馬なのであろうか」と見ていると、この馬は急に倒れて、そのまま死んでしまったので、主人は呆然と我を忘れた様子で、馬から降りて立ちすくんでいた。あわてふためいて従者たちも鞍《くら》を外したりなどして、「どうしよう」と言うが、あっけなく死んでしまったので、手を打ち、驚きあきれ、今にも泣き出さんばかりの思いであるが、どうしようもなくて、主人は別の駄馬に乗った。

「こうしてここに居ても仕方がない。自分はいこう。この馬を何とかして人目につかない所へ片づけよ」と言って、主人は、下男を一人残していってしまった。それをこの男が見て、「この馬は自分の馬になろうとして死んだのであろう。蜜柑三つが布三疋になったのだ。この布が今度はきっと馬に替わろうとしているに違いない」と思い、歩み寄ってこの下男に、「これはどのような馬か」と尋ねると、「陸奥国《むつのくに》から手に入れなさった馬です。皆が欲しがって、値段に糸目もつけず買おうと言われる人もいましたが、主人は、ずっと惜しんで手放さずにいました。今日、こうして死んでしまったので、その代金は少しも取れないままになってしまいました。自分もせめて皮でもはぎたいと思いましたが、旅の道中ではどうしたらよいのかと、いたづらに見守って立っているのです」と答える。男は、「その事だが、素晴らしい馬だと見ておりましたのに、あっけなく死んでしまいました。まったく命あるものが嘆かわしいことです。ほんとに旅の途中では皮をはがれたとしても、乾かすことがおできになられますまい。自分はこの辺りに住んでおりますので、皮をはいで使いましょう。私に譲っておいでなさい」と、この布を一疋《むら》与えると、男は、思いがけないもうけをしたと思って、この男が心変わりをするとでも危ぶんだのか、布を取るとすぐ後ろを振り返ることもなく、走り去った。

男が、下男の姿がすっかり見えなくなった後、手を洗い、長谷寺の方角に向かって、「この馬を生き返らせてください」と祈っていると、この馬は目を見開くやいなや頭を持ち上げて、起きあがろうとしたので、そっと手を貸して起こした。嬉しいことといったらない。「遅れて来る従者もありはしないか、また、先ほどの布を与えた男が戻ってはこないか」などと、危ぶんでいたが、やっと、人目につかないような場所へ馬を引き入れ、しばらく時がたつまで休めて、もとのように元気になったので、商人のいる所へ引き連れて行き、その布一疋《むら》を轡《くつわ》や粗末な鞍《くら》に換えて、馬に乗った。

京の方に上る途中、宇治あたりで日が暮れたので、その夜は人の家に泊まることにして、もう一疋の布を馬の草、自分の食べ物などに換え、あくる朝たいそう早く京の方へ上っていくと、九条あたりの人の家に、どこかへ出かけようとして騒いでいる所がある。「この馬を京に引き連れていけば、知り合いの人とあって、盗んだのかなどと言われるのもおもしろくない。そっと売り払ってしまいたいものだ」と思い、「こういう所にこそ馬は入用なはずだ」と馬から降り、そこへ走り寄って、「もし、馬などお買いになりませんか」と聞くと、馬が欲しいと思っていたところに、この馬を見て、「どうしよう」と騒いで、「今すぐには、馬の代わりになる絹などの持ち合わせはないが、この鳥羽の田や米などと換えてはくれぬか」と言った。男は、絹よりもその方がなによりと思ったが、「絹や銭なら必要ですが、私も旅の者ですから、田などもらってもどうしようもないと思いますが、馬がご入用であれば、ただおっしゃるとおりにいたしましょう」と言う。そこで買い手はこの馬に試乗し、走らせなどして、乗り心地を確認し、「まったく思ったとおりだ」と言って、この鳥羽の近くの田三町、稲を少々、米などを男に与えたうえで、すぐにこの家を預けて、「自分にもしも命があって帰ってきたなら、その時は返してください。帰ってこない場合は、そのまま住み続けてください。もしまた私が命が絶えて死ぬことになったら、そのまま自分の家にして住んでください。私には子どももいないので、よもやとやかく言う者もおりますまい」と言って、預けて、そのまま下っていったので、その家に入って住み、手に入れた米、稲などを取り置いて、初めはただ一人ではあったが、食物も豊富にあったので、その隣り近所の身分の低い者たちがやって来て、使われたりして、ともかく、住みつき、居ついてしまった。

二月ごろのことだったので、その手に入れた田を半分は人に貸して作らせ、残り半分は自分のために作らせたところ、人の分の田もよいできであったが、それはまあ普通で、自分の分として作った田は、格別に収穫量が多かったので、稲を刈り置き、それを始めとして、風が吹き付けるように富が集まり、たいそうな大金持ちになった。その家の家主からも何の便りもなくなったので、子どもや孫にも恵まれ、ことのほか栄えたという。

（左大臣光永〈左大臣プロジェクト運営委員会〉訳）

まずこの物語を伝えているのは『宇治拾遺物語《うじしゅうい》』という鎌倉時代に編纂されたという説話という口伝で継承されるものですから、ほかの説話集にも類似のものが載っています。説話ですから、唯一の原本というのは存在しにくく、この話を伝えているテキストはいくつもあるわけです。それぞれ多少とも加筆修正がなされているわけで、ある意味ではあやふやなところが多いとも言えます。そういうことを前提として、この物語を読んでいきましょう。

この話を分けるとすると六つの部分に分けられましょう。まずは長谷寺へいってお籠もりをし、二十一日間滞在すること。第二は、長谷寺の門を出たところで、転んで麦わらを摑み、それを大事に持っていなさいという観音さまのお告げを守って歩き始めること。第三は、主人公が持つアブの麦わらを、それをほしがるお参りの子供にあげて蜜柑を三つもらうこと、第四は、喉の渇いた姫君のお参りの一行に会い、蜜柑を上げることで、お礼に布を貰うこと。第五は、馬に乗ったお参りの一行に会い、馬が突然死んでしまい、布と死んだ馬を交換し、その後、長谷寺観音さまにお願いをしたら馬が生き返ったこと。第六は、その馬に乗り都へ向かうと、ちょうど長旅に出る男に出会い、馬を所望されその代わり家屋敷や田畑を貰うことになり、そのまま主人公は富裕な生活を送ることができたという説話です。

この話を読んで、私があれ？と思ったところは、それは私が傍線を引いた①〜③の部分です。決して観音さまへの素直な信仰、素朴で信仰が厚いという若者ではありません。むしろややすね気味で、ご利益をくれないのであれば死んでやるぞ、といったニュアンスで、いわば観音さまを脅している雰囲気もあります。お寺でも扱いに困って、この若侍をなかば追い払うように仕向けています。ただ、大門を出て最初に摑んだものを大切しなさい、と申し伝えたのです。結果的にはこれが良かったのですが、まずは信心深い若侍というような、形通りの信心話では始まっていないところが愉快な出だしです。

もちろん、こうしたクセのある者も大慈大悲の観音さまはお救い下さるのだという教訓ともとれます。

私は巡礼研究をしていましたので、世界各地の聖地も可能な限り訪ねてみたいと思っておりました。フランスにルルドという聖母マリア出現の有名な聖地があります。訪ねてみました。奇跡の水が湧き出る聖地で、今でも多くの人々が訪ねます。年間何百万人という訪問者です。近代的な病院も併設されているのですが、現在でもたまに最新の医療でも解き明かせないような難病治癒が起こるのです。ルルドはカトリック教会が正式に認めている奇跡の泉なのです。ですから町中に奇跡の水で沐浴するための病人が溢れ、病人を運ぶストレッチャーとそれを世話するボランティアがひっきりなしに街路を行き交うという、やや不思議な雰囲気の聖地です。ここに聖母マリアが現れ奇跡の泉のことを告げたのは十九世紀前半です。貧しい粉挽き職人の娘ベルナデットの前に、マリアさまが現れ、泉のことを教えたのです。何度も現れましたので大騒ぎになり大論争になったのです。その理由の一つが、なぜ文章も満足に書けない小娘ベルナデットの前にマリアさまが現れ、他方、カトリックの勉学に日頃から励み教会や信者さんに尽くしている神父やシスターには現れないんだということもあったようです。

ご利益とはそうしたものなのですね。積み重ねの努力に神仏の加護が必ず現れるという、因果関係のなかに信仰は存在するわけではないのです。求めない努力の気持ちの中にこそ、真に満たされるということがあるということでしょう。

四、長谷寺の拡がり

一　全国展開の長谷寺

お寺には同名のものがいくつもあります。コンビニの数よりも多いと言われているお寺の数ですから、同名のお寺があっても不思議はありません。しかしある特定のお寺の名前が特に数多く見られることが多いのです。善光寺しかり清水寺しかりです。

これはお寺の名前ばかりでなく、巡礼にも見られることです。四国遍路や西国観音巡礼はミニ四国と写し西国と呼ばれて、各地にあります。知多半島八十八カ所巡礼とか板東三十三所観音などが著名です。これを「聖地の移植」と呼ぶ人もいます。ところが移植は、実は日本だけではないのです。

東京都文京区に東京カテドラルというカトリックの大きな教会がありますが、その境内に、フランスの著名な聖地ルルドの「移し」があります。あるいは、ハワイにミニ四国遍路があることをご存知でしょうか。主に西日本からハワイへ移住した日系農民が、ふるさとでお馴染みだったミニ四国をハワイへ移植したのです。

ご利益や霊験で著名な聖地は「伝染」するという言い方をなさる方もいます。もちろん自然に伝染するのではありません。僧侶や聖職者が、そのご利益を遠方の信者にもわけあたえようとするわけで、「伝染」の主体は人間です。

このような全国展開をしているお寺の代表的なものが実は長谷寺なのです。さて、長谷寺と名乗るお寺は全国でいくつぐらいあるのでしょうか。さらに長谷寺と名乗らなくとも、長谷寺式の観音さまを祀るお寺も広い意味でいう「移し」と考えることができましょう。長谷寺観音の掛け軸をかけ、皆で拝むお寺もあります。このように長谷寺信仰の痕跡を残しているお寺は数多くあります。それらが膨大な数に上ることは確かですが、なかなか調べ切ることは容易ではありません。

各地の長谷寺について、江戸時代以降、長谷寺山内の学僧たちが何人も調べています。

しかし実地踏査をして各寺を直に調査をした人は、ただ一人しかいません。昭和期の在野の研究者です。兵庫県揖保郡出身の赤尾龍治氏（一九一七〜一九八〇）というかたです。赤尾さんは、禅宗の盤珪《ばんけい》禅師の研究者として文学博士号を取得しました。その後、五十九歳になった一九七八（昭和五十三）年から全国長谷寺の実地踏査を行ったのです。二年半にわたり車二台を乗り潰しながら全国の長谷寺を巡ったといいますから、すさまじい努力です。無住の長谷寺や山中の長谷寺をつぎつぎ巡り、関連する地誌類なども集めました。ところが実地踏査を済ませた直後、赤尾氏は急逝され成果が刊行されませんでした。その後、ご遺族らにより資料等が長谷寺に寄贈され、その資料が故永井義憲博士や長谷寺学芸員甲田弘明氏により詳しく紹介されることになり、いま私たちはその資料を拝見し利用するという恩恵にあずかっているのです。そうした先人の研究を拝見すると長谷寺観音信仰の広がりを研究していくには、まず、いくつかの留意点を押さえておくことが必要であることがわかります。

まず第一点は、現在も寺院名として長谷寺を名乗っている寺院は、すべて真言宗豊山派所属かと思えばあに図らんや、曹洞宗所属の寺院が最も多いという事実です。日本の仏教史で所属宗派が固定化されてくるのは戦国時代から江戸初期といわれているので、それ以前に創建された各地の長谷寺では、真言宗豊山派所属以外の寺院が多いのです。つぎに、長谷寺を名乗っていなくても、長谷寺式観音像を保持している寺々も少なくないということです。実は私が住職をしている寺院でも身の丈一メートルほどの長谷寺式観音像が祀れており、脇侍は雨宝童子と難陀龍王です。長谷寺十一面観音は一〇メートル一八センチという日本屈指の大仏像ですが一メートルを超えない十一面観音像をお祀りしているお寺も少なくありません。さらに長谷寺式観音像の掛け軸を保持し、本堂や客殿に祀っている寺院もあります。

二　長谷観音の拡がりと勧進聖

真言宗豊山派では、二〇二〇（令和二）年、総合調査を実施し、その中で長谷寺式十一面観音が祀られているか否かを聞き合わせました。その集計結果はつぎの通りでした。観音尊像を二体同時にお祀りしているというお寺は普通の場合ではないと思いますが、立像と図像を共有する場合は十分ありえます。上記の表によれば、豊山派寺院で観音像をお祀りしてあるお寺は合計二〇五カ寺ということになります。観音像と掛け軸の共有という場合がないと仮定すれば、全部で二八七カ寺ということになります。尊像の所有寺院ということでいえば豊山派全寺院の七％強、尊像と図像を共有する寺院が無いとすれば、豊山派全寺院の一〇％強が長谷寺式観音像か掛け軸等を所有していることになります。

長谷寺あるいは長谷寺式観音の彫像や絵軸が全国的に広まった理由としてまず指摘されることは、長谷聖の信仰拡大活動のお陰ということです。つまり長谷観音の功徳を説いて全国各地を歩いた長谷寺関係の僧俗の者たちのことです。いわゆる勧進《かんじん》聖《ひじり》（勧進聖とは寺社の建立、修繕のために寄付を集める僧侶）です。こうした勧進を行う僧侶としてもっとも有名な例は高野聖です。日本の総菩提所高野山を宣伝してまわり、死者の遺骨の高野山納骨お

①１メートル以上の大きさの像	72 体
②１メートル未満の大きさの像	133 体
③掛け軸等の図像	82 体

よび高野山参拝を説いた者たちのことです。中世以降のお寺は、荘園などの年貢だけでは維持が出来なくなりつつあったので、いわばプロの宣伝マン、セールスマン的役割を果たす僧侶を養成したり集めたりし、信仰を広め信者さんを全国各地から集める方策を取るようになりました。いわゆる勧進活動です。その担い手となったのが聖《ひじり》たちでした。

高野山でも長谷寺でもこうした聖たちは、山内での立場は学僧や重要な儀式執行を行う僧侶と比べればやや低い地位にありましたが、そのバイタリティたるや旺盛でした。火災でお堂を焼失することの多かった総本山長谷寺では、観音堂再築には大阪堺方面の豪商から莫大な寄進をこうした聖的僧侶の活動を通じて集めたといわれています。特に中世以降です。長谷寺にはこうした勧進聖がすでに室町時代には山内に居住していて、様々な形で長谷寺の存続と興隆に寄与してきました。しかしこの長谷聖は記録を自ら残すというようなことに関心を持っていない実践派の人たちなので、残念ながら具体的な足跡や活動内容がわかるような記録とか痕跡がほとんど残っていません。彼らは学僧のように文字の人、思索の人ではなく、活動一筋の人だったのです。

三　全国的同名寺院の今後

長谷寺は西国三十三所巡礼の第八番札所です。そこで思いつくことは、長谷寺の伝播と全国に見られる西国巡礼の「移し」版が増加したことに関連があるのではないかということです。つまり長谷寺伝播について可能性としては、西国三十三所巡礼の移しの広がりの結果として、長谷寺が全国に定着したという推測です。これも可能性が無いことではありません。四国遍路や観音三十三所巡礼の移しはこれまた全国に数多くあり、これも発生の経過を見ると、意欲ある僧侶が発願して、移し遍路や巡礼ができることが多いのですが、しかしその僧侶が亡くなったりすると遍路や巡礼も萎んでしまうことも少なく無いのです。時代の進展のなかでしっかり固定するものもありますが、発願僧がいなくなってしまうケースも多く、その場合、記録として残りにくくなり由緒や沿革がわからなくなってしまいます。

ところで、日本の大きな信者寺、参詣寺のなかで、長谷寺と同じように全国的に同名寺院を持つ寺院に京都の清水寺と長野市の善光寺とがあります。

清水寺については、その多くは当初の創設時は文字通り清水《しみず》の湧き出る場所に個々に清水寺が建立され、後に京都清水寺と縁起の上で結びつけられて、その創設年代や開基の坂上田村麻呂とする共通する由来を有するようになったと推測されているようです。研究者によれば清水寺は約八十カ寺近くが全国に現存しているそうです。一方、善光寺については聖による活躍を指摘する報告もあります。一九九二（平成四）年に行われた全国の善光寺調査（アンケート調査実施）によれば、日本に四四三の善光寺仏があり、寺名が正式に「善光寺」と称する寺が、一一九カ寺にのぼることがわかったそうです。善光寺如来は絶対秘仏（永代に開帳されない仏さま）ですが、同様に秘仏としている地方の善光寺もあるといいます。

清水寺や善光寺には、清水寺、善光寺をまとめた全国ネットの組織があるようで、定期的な会合や会誌その他の催し物もしているようであり、長谷寺でも同様の企画、たとえば「長谷寺サミット」のような催し物が行われることが望まれるところではないでしょうか。

いずれにせよ、全国的な広がりを正確に掌握することはなかなか難しいことです。真言宗豊山派所属でなく、寺名も長谷寺でない寺院について、長谷寺式観音像や掛け軸の所有の有無を正確にチェックすることはなかなか困難な作業です。実態をつかむのが難しいだけに、長谷寺と善光寺を比較してどちらの移しが多いかというような単純な問いかけは、各寺院の成立や歴史が明らかにならない限り水掛け論のレベルを脱することはできないと思います。

また長谷寺に限らず聖のような存在が開山したお寺は、聖の影響力が消えていくと後継者が適切に見当たらずに、次第にその存在が消滅してしまう可能性があります。あるいは僧侶が定住せず、篤信の村人たちが護持を続けている長谷観音堂もあり、急激に進行している現代の少子化、過疎化の影響で、いままでの護持体制が確保出来にくくなりつつある長谷観音堂もあり、将来がいささか心配であります。

五、平安貴族たちの長谷寺詣

一　古典のなかの長谷寺詣

私たちが中学校や高等学校の国語や古文の授業で習った、平安時代摂関期の女流文学者の著名作品『蜻蛉日記』『枕草子』『源氏物語』などが、長谷寺詣に触れています。自分の恥をさらすようですが、私は中高とも主要授業科目はどれも好きではありませんでした。ですから学校の勉強に一生懸命かかわるということをしませんでした。ただし国語でいえば高校三年生のときに一週間に一度だけ行われたNという先生の「日本文学史」という講義だけは、大変面白いと思いました。文法などの技術論ではなく、その作品を書いた著者の心理とか時には執筆時の生理はどうだったんだろうか、といった文学鑑賞の面白さをその先生は毎回教えてくれたのです。中高六年間で唯一楽しかった授業でした。勉強をしなかった私に非があるのはもちろんですが、もう少し先生方もなんとか方策を講じて欲しかったと思っています。そのN先生はその後京都の研究機関に移ったと聞いていましたが、のちのち文化勲章を受章したとニュースで知り、やはりただ者ではなかったのだと思いました。

閑話休題。このような我がままで身勝手な中高時代を送ったので、古典文学など真面目に取り組むということは、その後七十二歳になるまでありませんでした。つまり宗務総長に就任して、長谷寺の国宝、重要文化財を六十億円以上の予算で修復するということになり、長谷寺の歴史とその特徴を生かじりでもみなさんの前で話す必要が出てきて、急きょ日本史に現れたる長谷寺といったことを勉強し始めました。志納金集めのためという、学習動機としてはいささか不純なのですが、こうして勉強し始めたら面白くなって、それが今も続いているというわけです。基礎訓練の足りない七十歳の手習いなので、自分勝手な解釈かもしれません。ここでのテーマ「平安貴族たちの長谷寺詣」もそうした関心が動機なのです。

西郷信綱という国文学者に『古代人と夢』（平凡社ライブラリー、一九九三年）という書物があり、そのなかに「長谷寺と夢」という一章があります。要するに平安時代摂関期に、人々は夢を見て将来を占って貰うために長谷寺詣を行ったということです。夢そのものが、今のように個人の事柄ということではなく、夢の持つ影響力が社会的に大きな意味を持っていた時代のことです。ある上層貴族が見た夢を巡って、一族郎党、朋輩たちが自分たちの見た夢をそれぞれもちより報告し合い、夢のリアリティを論じつつ一喜一憂し、心理的一体感を確かめあったようです。これをある研究者は「夢語り共同体」という魅惑的な名称で表現しているのです（菅原昭英「夢を信じた世界―九条兼実とその周囲」『日本学』第二巻一号、一九八四年所収）。当時の社会全体が夢の世界の重要性を認識していたということです。夢のお告げを得るために、片道二泊三日ほどかけて長谷寺に詣でるわけです。そこでお堂に籠もって夢を見る。なにか良い前兆となるような夢を見たら万々歳ということです。ところが、自分で行かないで代理人に夢見をしてもらう方法も行き渡っていたらしいのです。たとえば『更級日記』に出てきます。本人はあまり真剣味や切実さを感じていなくとも、代理人を立ててということもでてきます。ですから、良き夢を期待していることをその代理人は知っているわけです。代理人の帰還後の報告は結論が最初からあるようにも思いますが、そのあたりはどうなっていたのかよくわかりません。

話が前後しますが、女人作家の長谷寺詣というと『蜻蛉日記』『枕草子』『更級日記』などであり、フィクションですが『源氏物語』では長谷寺詣は大切な役割を当てられています。概ね十世紀から十一世紀に亘って書かれたものと考えてもいいのでしょう。『蜻蛉日記』が、長谷寺詣の旅の様子を具体的に、最も細密に描いているとも言われています。

京都から、二泊三日ないし三泊四日で長谷寺にいく。願を掛けたからといってわざわざ徒歩でいく場合もあるし、牛車などを用いる場合も多かったようです。もちろん女性一人がいくわけではなくて、身の回りの世話をするご婦人たち、そしてガードマン役を果たす男性たちからなる一行でいきます。実際に山道で盗賊が出る危険などもありました。

長谷寺に到着してからは、夜は観音堂でお籠もりをします。局《つぼね》と呼ばれる仕切りで他のお参りの人たちと空間を区切ってお籠もりをします。簡単にいうとパーティションですが、独立した小部屋をあてがわれる場合もありました。それはお寺への事前の連絡と奉納の内容によったのでしょう。貴族でない一般の参詣者は仕切りすら与えられなかったはずです。

二　『枕草子』のなかの長谷寺

お籠もりの様子は清少納言の『枕草子』に詳しく書かれており面白いです。才女とうたわれた清少納言らしく、お籠もりをする人々の様子、僧侶のちょっとした仕草まで、事細かく描写がなされています。ただし『枕草子』には清少納言以外の者が絶えず加筆したらしく、伝わっている『枕草子』の古本がいくつもあって複雑な事情があるようですが、そうしたことは専門の学者にここではまかせておきます。これから紹介する「正月に、寺に籠りたるは」で始まる段（第一二四段）も、籠もったお寺が長谷寺という説と京都清水寺という二説があります。現在、私たちが手にできる手頃な文庫本なども長谷寺説と清水寺説があり混乱するところですが、お寺の構造の描写を見ても長谷寺と思われる箇所も少なくないので、ここは長谷寺としておきたいと思います。

清少納言の描写の面白いところを二、三あげてみましょう。

上に法衣も着ない小袖姿で、帯を締めただけの若いお坊さんが、足駄《あしだ》という高下駄を履いて、少しの恐怖心もなく、呉階《くれはし》（参道のこと。現在の登廊以前の参道であり、現在のような屋根があったかどうかわからない）の階段を上り下りして、ちょっとしたお経の一節を声に出して唱えたり、倶舎論《くしゃろん》の「頌《じゅ》」を、少し言い続けながら歩くのは、お寺の雰囲気に相応しく、面白い。

人々の足元を見ると、深沓《ふかぐつ》や半靴《ほうか》などを履いて、廊下を歩いてお堂に入ってゆく時は、沓音をさせないように、摺り足で歩くので、まるで内裏のような感じで、面白い。

かなりの身分だと思われる男が、静かに耳立たぬように額を衝《つ》いて、お祈りしている。（中略）、その人は、深く心に思うことがあるようで、夜も横になって寝ることもせず、礼拝をしているのは、たいそう哀れ深い。

（島内裕子訳『枕草子』ちくま学芸文庫、二〇一七年）

といった感じです。

この段では清少納言は正月にお籠もりにいっています。旧暦のお正月ですから、今で言えば二月頃でしょう。実は、冬の長谷寺はとんでもない寒さです。私が寒がりのせいでもありましょうが、防寒用の真冬用下着をしっかり着込まざるを得ませんでした。清少納言も寒かっただろうなあとすぐに思ったのですが、「冬はつとめて（早朝）がいいワ。雪など降るとさらにすてき」などと言っていますから、真冬の長谷寺など何でもなかったかもしれません。

その本堂では「本尊の御前には、常に燃えている常夜灯のほかにも、たくさんの人々が奉納したお灯明が、恐ろしいほどの数で赤々と燃えていて、仏様が、その光に照らされてきらきらしておられるのが、たいそう尊げである」(島内裕子訳『枕草子』前同)。現代語訳でも、その神秘で深遠な様子が目に見えるようです。参拝者は小皿に油を入れ、それに芯を添えて観音さまにお供えをしたのでしょう。実際、その小皿が本堂下から山ほど発掘されています。

夜、観音さまの御前に無数の灯明が供えられる様はさぞかし見事な光景と雰囲気であっただろうと想像に難くありませんが、しかしその無数の火が管理不備となることもまたあ

り得えたことでしょう。長谷寺の観音さまが、大火災にたびたび襲われた原因の一つではないかと推測する向きもあります。

供える油皿、灯芯、油などは、供物と一緒に長谷寺へ数里手前の地点の海石榴市《つばいち》（椿市とも書く。現在の桜井市金屋）で入手することが普通だったようです。ちなみにこの海石榴市は、さきに紹介したように、『日本書紀』で五五二（欽明天皇十三）年、百済の聖明王の使者が、釈迦仏の金銅像や経典を献上した地であるとも言われています。長谷寺詣のベースキャンプ的役割を果たしていました。『蜻蛉日記』の作者、清少納言、『更級日記』の筆者もここを通過したり、宿泊したりして、長谷寺詣の用意をしたのです。もっとも藤原道長はそうした道具やお供えを京都から持参したといわれています。さすが藤原道長さんです。

ところでお参りをする貴族たちは当然お供えを持参したわけで、局というお参り空間の確保もおそらくお供えの内容によったのだと思います。なお、海石榴市と長谷寺のつながりについては、すでに「二、古代長谷寺と法華説相図」の中で触れております（26頁以下参照）。

三　紫式部の長谷寺詣

さて、長谷寺詣に触れた平安貴族の日記類は、長谷寺にとってもどれも貴重な記録です。その理由の一つは長谷寺側に参拝者の記録などまったく残っていないからです。何度も被った、一山中の堂宇が焼失する火災に見舞われたからかもしれません。

長谷寺詣の話に触れた平安摂関期の文学では、先にあげた『蜻蛉日記』『枕草子』『源氏物語』『更級日記』『大和物語』『栄花物語』『平家物語』など枚挙にいとまがないほどです。しかしそのなかで文学史的にいって超一級品はなんといっても紫式部『源氏物語』だと思います。しかしすぐに異論がでそうです。『源氏物語』はまったくのフィクションではないか、という意見です。その通りなのです。同じことを、江戸時代随一の国学者本居宣長《もとおりのりなが》の『菅笠日記《すがかさのにっき》』が指摘しています。三重県松坂の住人であった本居は、桜がお好みだったようで何度も吉野へ桜見物にいっています。生涯で七回も吉野の桜見物にいったと言われています。松坂の自宅を出て伊勢街道を西へいくわけですが、その途中で長谷寺にも寄っています。本居はまず長谷寺の景観を、別の世界に来たような気分である、と賞賛します。

けはい坂といって険しい坂を少し下る。この坂道からはつせの寺も里も目前に鮮やかに見渡される光景は、何ともいえない。だいたいここ迄の道は山懐で、格別見る所もなかったので、あんなに壮大な僧坊、御堂の建ち連なったのを突然見つけたのは、別の世界へ来たような気がする。（中略）川辺に出て橋を渡って、向かいの岸に玉葛《たまかずら》の君《きみ》の跡という庵があり、墓もあるというが、今日は主の尼はある所へ行かれて御不在なので、門を閉じてある。

全てこの長谷にその跡あの跡といって多くある、皆いかにも本当らしくない中にも、この玉葛こそは非常に滑稽である。あの源氏物語は、全て作り話であることを弁えないで、実際に存在した人と思って、このような所を拵え出したのであろうか。

（三嶋健男・宮村千素著『現代語訳 菅笠日記』和泉書院、一九九五年）

長谷寺での見事な景観を「別の世界へ来たような」といいながら、フィクションである『源氏物語』の登場人物玉鬘（葛）の墓などが見物場所に指定されていて、全部架空の話なのに事実のようにいっているのは解せないといっているわけです。「迷信を信じているのは滑稽だ」といわんとしているようです。国学者としての本居宣長の評価は大変高く、いまでも彼の見解が研究者に引用されるほどです。学者ですから客観的事実を基本にして分析を行う立場を尊重するのでしょう。そういう立場ですから、作り話の玉鬘のお墓とは何事かということなのでしょう。実際に長谷寺には「二本《ふたもと》の杉」という場所があり、その杉のふもとで玉鬘と乳母の右近が日がな、数十年ぶりの再会を喜び語り合った場所であると説明されています。

しかし、人は現代でも作り話に興奮することはごく普通のことであります。恋愛ドラマに感情移入をする人々、ファンタジーの世界に夢中になる若者たちなど、フィクションの世界は人間にとっていまでもとても大切な世界です。『源氏物語』がフィクションであるからといって、作り話として一蹴するのは、いかがなものかと私は思います。

『源氏物語』は日本文学を代表する文学作品です。これは、外国の日本文学研究者たちの一致する見解です。全部で五十四章から成り立っています。その中で玉鬘という女性は十章（帖）に亘って扱われています。この十帖は「玉鬘十帖」といわれています。つまり私の言いたいところは、『源氏物語』のなかで玉鬘は重要な役割を果たした女性であり、その玉鬘がわざわざ長谷寺にお参りして、そこで彼女はその後の人生を大きく左右する出会いに遭遇するのです。長谷寺は玉鬘の人生に大きな役割を果たし、さらにいえば日本を代表する文学作品『源氏物語』で重要な位置づけにあるお寺なのです。

では『源氏物語』巻四で「玉鬘」の筋書きを紹介してみましょう。

玉鬘は、源氏に見初められた夕顔の娘である。夕顔の亭主との間の娘である。玉鬘は母親と幼少のときに死別する。その頃、玉鬘の乳母の夫が九州太宰府へ転勤となり、玉鬘も九州へ移る。

母親譲りの美女となった玉鬘には言い寄る男たちも多く、うっとうしくなり、乳母の夫も太宰府で死去したので、玉鬘一党は逃げるように京都に登ってくる。しかしなかなか生活も思うようにいかずに苦労の日々を送っていた。そこでご利益で有名な神仏のお参りにいき、行く末を見つけようということになる。まずは石清水《いわしみず》八幡宮にお参りし、その後、さらにご利益が多いという長谷寺の観音さまに参詣することにする。

ところで玉鬘の子供時代に夕顔に仕えていた侍女に右近がいた。夕顔の死後には光源氏に仕えていたが、右近は幼くして別れた玉鬘のことが忘れられずにいた。

さて、長谷寺参詣には、ご利益が多いといわれる方法の徒歩で向かった。その参詣旅の四日目に玉鬘一行は海石榴市《つばいち》についた。疲れ果てた玉鬘は海石榴市の宿に泊まることにしたのだが、そこに偶然にも同じように長谷寺詣に来ていた右近の一行と同宿となった。右近たちの予約が先で、宿の手違いで玉鬘一行と予約が重なり、結局、同じ部屋に玉鬘一行と右近一行が、仕切りで区切られて一夜を過ごすことになった。

右近は同部屋の玉鬘一行のなかに顔見知りを見つけ、その一行が玉鬘たちであることを知る。玉鬘と右近は偶然の出会いに驚き、一緒に長谷寺に向かうことにした。こうして三日間にわたり、十数年ぶりに会った玉鬘と右近は長谷寺でともに時間を過ごすことになる。

二日目には参道のそばで、次々と参詣の人々が参道を上り下りする参詣客を眺めながら、ゆっくりと色々な話をした。そこはやや高台にあり、下を初瀬川が流れている場所である。それが現在でも「二本《ふたもと》の杉」と呼ばれている場所として残っている。そして玉鬘たちはもう一晩長谷寺の観音堂にお籠もりをして、都へ戻った。右近たちも都へ戻り、右近は早速光源氏に玉鬘との偶然の出会いを話し、かねてから玉鬘のその後を気に掛けていた光源氏も大喜びし、屋敷などを用意することになった。その結果、玉鬘の京都での波乱の一生も十帖に亘って書かれることになる。

（参考：円地文子訳『源氏物語』巻四、新潮社、一九七二年）

紹介文が長くなってしまいましたが、その中で私が気になる箇所が二つあります。二日目の昼、右京は玉鬘とゆっくりと昔話などをする機会に恵まれます。その場所は先の筋書きにもあるように「二本の杉」というところです。円地文子さん訳の『源氏物語』によれば「そこは、参詣する人々の姿なども見下ろされる場所で、前を流れるのは初瀬川という川であった」ようです。実際にその頃の参道はいまの長谷寺駐車場の方にあり、二本の杉の場所からは、下を流れる初瀬川がみえたに違いありません。また、摂関期頃の長谷寺の参道は、現行のものより東側にあったと言われており、そうしますと二本の杉の位置からももっと近くに参道を登り降りする様子が見えたに違いないのです。

さらにもう一つ私が気に掛かることは、次の晩にまた観音堂にお籠もりをするシーンなのですが、それは「秋風が谷底からはるかに吹き上って来て大そう肌寒いが、物思うことの多い一行の人々の心には、さまざまの思いが胸を横切る」という文章であります。実際に秋の長谷寺はもうすでに寒く、特に観音堂には下の谷から吹きあがる風が強く、肌を刺すようなときもあります。

こうした文章を読んでいると、私は専門の文学研究者には到底受け入れられないような憶測が思い浮かぶのです。つまり『源氏物語』の筆者紫式部は長谷寺に実際参籠したことがあるのではないかという想像です。谷底の川が見える、秋の夜の観音堂は大変寒いというような描写からそう思うのです。また先に触れた海石榴市での描写なども自然にリアルに感じられます。

紫式部が『源氏物語』を執筆するに、地域情報をどのように入手したのか、取材助手などを雇っていたのか、といったことは私ごとき部外者が判断できることではありませんが、本居宣長のごとく、『源氏物語』は所詮フィクションの世界であると言い放っておいていいとは思われないのです、ところが、こう思いつつ資料を読んでいますと、紫式部は長谷寺に実際参拝しているという前提のもとに、長谷寺のことを書いている作家に出くわしたのです。

瀬戸内寂聴さんの「平安文学に描かれた泊瀬詣の旅」を読んでいたら、つぎのような文章に出合いました。

（長谷寺の観音堂に詣でて）玉鬘が、右近と三日間参籠したのもここであっただろうかと想い描く。紫式部もまた必ずこの長谷観音に詣って、玉鬘の舞台にとりいれることを思いついたのかと思うと、急に紫式部が身近なものに感じられてくるのだった。

（『長谷寺文献資料』総本山長谷寺、一九七五〈昭和五〇〉年）

瀬戸内さんは、当然紫式部は長谷寺に参詣したことがあると考えているのです。卓抜した女流作家が言っているのを知って、紫式部の長谷寺訪問も私の単なる妄想ではない、といささか安心した次第です。

摂関期文学と長谷寺の関わりに色々思いを巡らすと、当時の賑やかで華やかだった都のご婦人方の長谷寺詣が一層身近になっていくように思うのです。大勢の近現代の作家、特に女流作家たちも『源氏物語』の翻訳、翻案の小説を書いています。やはり現代の女流作家もまた紫式部に大いに刺激を受け、現代版をお書きになるのではないかと思う次第です。

長谷寺についても、近現代の女流文学者が何人も紀行文を書いていますが、個人的好みからあえて申しあげるなら、竹西寛子さんの「初瀬の王朝」（『古寺巡礼　奈良　十三　長谷寺』淡交社、一九八一年）がもっとも味わい深い長谷寺巡拝記だと思っています。

以上のように、中学校、高等学校時代に教科書に出てくるような摂関期の女流作家たちの作品が、必ずといっていいほど、長谷寺を親しく扱っているのであり、現代の女流作家も『源氏物語』をはじめ、摂関期文学を論じたり解釈したりしています。つまり、長谷寺は摂関期から今に至るまで、多くの日本人にきわめて親しいお寺です。学校の教科書に頻繁にでてくるということは、その普遍性はきわめて高いといわざるを得ません。

ある豊山派の識者が、「このように文学者、文学作品に身近な長谷寺は、是非その伝統を継承して長谷寺女流文学賞を創設すべきだ」と主張したのを聞いたことがありますが、誠に正鵠を射たものだと思います。長谷寺と文学のつながりを大いに喧伝してもらいたいと思います。

いずれにせよ、国語や古文の教育現場に直接関連している長谷寺という事実をもっと広めて、その文学的意義を述べるべきだと思います。つまり長谷寺が果たす日本文化での意義をもっと世にアピールすべきだと思います。

六、長谷寺と火災

一　大火災の歴史

他の古寺との統計上の比較資料があるわけではありませんが、長谷寺は災害に見舞われることが多いお寺といわれています。山寺ですから火災にしばしば見舞われます。加えて初瀬川という急流がお寺の脇を通っているので水害も多いのです。ここでは、水害と火災をそれぞれ分けてみたいと思います。まずは火災から始めることにしましょう。

長谷寺は、ほぼ全山の建物を焼失したというような大火災に何度も遭遇しているのです。初めて実態を知ったときには、「そんなに火事に遭うものか」と思ったほどです。長谷寺の歴史にそれほど関心のない頃、長谷寺の火災で一番身近だったのは一九一一（明治四十四）年の本坊大講堂の火災でした。失火であり全焼でありました。この火災については当時の新聞記事もありますし、文字通り丸焼けになった火災跡の写真もあります。よくもこれほど丸焼けになったなと思うほどの焼けぶりです。このように明治時代になってからも、三重塔や仁王門もまた火災に遭っていることをあとで知りました。とにかく火災が多いのです。

中でも本尊観音像までもが烏有《うゆう》に帰したケースが七回とされています。つまり現在の本尊さまは八代目ということです。しかしその観音さま焼失の場合も頂上仏は焼けることを免れて、次の観音像の胎内に納められてきました。つまり、最初の観音さまのご利益は継承されているとされています。永島福太郎氏などによると七度の本尊焼亡は次の通りです。この表は『奈良県文化財調査報告書』八四「長谷寺」（奈良県橿原考古学研究所、一九九九年）に依拠したものです。

長谷寺本堂観音像被災年表

	火災年月日	西暦	主な焼失建物等	再建状況
1	天慶七年一月九日	九四四	本尊観音様 仁王堂以外のすべての堂宇	天慶九（九四六）年、ほぼ復興
2	永承七年八月二五日	一〇五二	本尊観音様等	天喜二（一〇五四）年、供養
3	嘉保元年一一月一三日	一〇九四	本尊観音様 本堂・礼堂・鎮守・同拝殿・鐘楼・食堂・登廊・中門・大門等	承徳年間（一〇九七～一〇九九）、本堂・登廊・中門等を造営
4	建保七年閏二月一五日	一二一九	本尊観音様 食堂・阿弥陀堂以外の堂塔	同年（一二一九）一一月、本堂立柱上棟
5	弘安三年三月一五日	一二八〇	本尊観音様 鎮守・薬師堂・社檀三所・十三重塔・鐘楼・廻廊・観音堂・食堂・僧坊四五宇	同年（一二八〇）一二月、本堂開眼供養 貞治二（一三六二）年、観音堂供養

6	明応四年二月二二日	一四九五	本尊観音様 観音堂・十三重塔・鐘楼・愛染堂・新宮社・長楽寺・灌頂堂・不動堂・弥勒堂・焰摩堂・一切経蔵・本長谷寺・三重塔・来迎堂・登廊・横田坊・中坊等	明応五（一四九六）年、本尊造仏 明応八（一四九九）年六月、本堂立柱上棟 永正四（一五〇七）年四月惣供養
7	天文五年六月二九日	一五三六	本尊観音様 観音堂・楼門より寺内の神社・堂塔。三好の軍勢に焼かれる	天文七（一五三八）年一一月、本尊造仏 天正一六（一五八八）年九月、観音堂落慶供養

これ以外に観音さまは焼失しなかったものの、観音堂の前部にあたる礼堂（内舞台）をはじめ諸堂が焼亡したのは記録上だけでも数度あります。十六世紀末の専誉僧正入山以降は焼失が減少しますが、明治維新以降でも本長谷寺と三重塔、登廊と仁王門、大講堂などが火災に見舞われています。木造のお寺だからある程度やむを得ないということにもなるのかもしれませんが、長谷寺のご利益を説いた『長谷寺験記』は、なぜ長谷寺には火災が多いのかについて、つぎのような話が載っています（第十九話「宇治関白（藤原頼通）が夢告

によって観音様が灰燼となる御霊験を知った話」）。

藤原道長の息子で同じく関白にもなった藤原頼通は自身も長谷寺にお籠もりをしたほど熱心な信者ですが、長谷寺がしばしば火災に見舞われることを不思議に思い、「これほどのすばらしい霊地が常に焼失するのはなぜなのか」と不審に思いました。ところが参籠したときのある日の明け方に、内陣の西脇から立派な装束をした一人の童子が頼通の夢に現れて次のように述べました。

観音様の御方便をけっして不審に思ってはならない。初瀬山ははるか昔、伽藍《がらん》が現れる以前から生身《しょうじん》の観音様が御霊験を施すところである。観音様は永《なが》く国土を守護し、衆生を心にかけていらっしゃる。このことを機縁《きえん》のあるたびに示そうとして、仮に霊木にお姿を刻んでおられるのである。盛衰はどちらも衆生を利するための御方便である。だからこそ焼失のたびごとに、ある者は財宝をなげうって縁を結び、ある者は土や木を運んで寺に入れ、ある者ははるかに火災の知らせを聞いて恋慕の歎きを心に含み、ある者は近しく供養の場に臨んで信心の掌を合わせる。このように縁の遠い者も近い者も多くの御霊験にあずかることは無量無数であり、はかりがたいことなのである。

（横田隆志『現代語訳　長谷寺験記』総本山長谷寺、二〇一〇年）

つまりご本尊が火災に遭うことは、観音さまが人々とご縁を深めたり新たにする、今ひとつのきっかけなのだということです。なかなか巧みな表現であると感心します。

このほかにも『長谷寺験記』のなかでは、先に触れたように、たとえ観音像が火災にあってもその頂上面は焼け残り、太古からの観音さまのご利益は後世に継承されていると語られています。観音像の火災には幾多の奇瑞が『長谷寺験記』の中に語り継がれています。幾度にもわたる火災にかかわらず、なかには本尊焼失にかかわらず、焼失直後に復興がされているケースもあり、勧進（奉納金集め）が精力的に行われたことは確かですが、多くの信者さんの熱心な信心の力があったことは間違いないことでしょう。『長谷寺験記』のタイトルの意味するところは、長谷寺観音のご霊験を集めた書物ということであり、これが長い間の長谷寺への寄進や参詣への動機付けとなったことは間違いありません。実際、長谷寺の縁起ではその長い歴史のなかで、内容を何度も書き直されたり書き加えられたりしており、各方面への奉納懇請に利用されてきたのです。中世末には『長谷寺縁起絵巻』までもが作られました。

それにしても感心することは、これほどの大火災に見舞われても、その後、何年後か何十年後には必ず観音さまと観音堂は復興してきたという事実です。これには感嘆としか言いようがありません。信仰の力としか表現しようがありません。資金力のある者も小金持ちも貴族も平民も、多くの人びとが観音さまの復活に力を貸してきたのです。七転び八起きとはまさにこのことでしょう。

先の火災一覧のなかで気づくことは、専誉僧正が長谷寺に入山以降、今に至るまで、本堂が火災にあったことはないということです。まことに結構なことなのですが、本堂が火災に遭わなくなって四百年以上経過しています。江戸時代には、勧学院のところ（141頁以下）で述べますように、多いときで一千二百人ぐらいの修行僧が長谷寺に居住していました。全山が修行僧収容の建物で立錐《りっすい》の余地もないような江戸時代の境内図をみたことがあります。江戸時代の二百五十余年の間に大きな火災が起きなかったことは奇跡的なように思います。長谷寺の江戸期の火災は一七七七（安永六）年と一八五五（安政二）年の二回ほどしか無かったようです。それだけ緊張が張り詰めて長谷寺を守護していたということでしょうか。あるいは大勢の僧がいたから仮に出火しても発見が早く、消火も手際よく運んだということかもしれません。それにしても二百五十年間で火災二回というのは素晴らしい成績ではないでしょうか。

明治期になり、勧学院が消滅し、長谷寺では僧侶の数がひどく減少したと思いますが、一八七六（明治九）年には本長谷寺と三重塔が火災に遭い、さらには一八八二（明治十五）年には仁王門、下登廊、繋屋、中登廊が焼失し、危うく観音堂まで火の手が及ぶかというところを、中登廊の上の蔵王堂で消火し事なきを得たと伝えられています。明治末には大講堂も全焼しました。全山満員のごとくの状態の江戸時代では大きな火災がなく、逆に少なくなると火災が起こるということは、火災防止の対策が行き届きにくいということでしょうか。宗派の中心が東京に移るというようなことが生じたわけで、ある高僧は当時の山の沈んだ雰囲気を「意気あがらず」と表現されておられますが、緊張が緩み警戒心にもほつれが生じたということでしょうか。

二　罹災と復興

火災の原因については、記録上は何も語るものが残っていません。このテーマに取りかかるときに、長谷寺に、伽藍炎上の図絵などはないかどうか聞き合わせたところですが、まったくそういうものは伝えられていないということでありました。各地を巡り奉納を募る場合には、寄進者の視覚にうったえるものが必要だったのではないかと考えたからです。残念なことです。

随筆家白洲正子さんによれば、火災の原因は落雷が多かったからではないかと推測しておられます。あり得る話だと思いますが、雷が盛んな季節に集中して発火しているわけでもなさそうです。もっとも落雷による火災というのは、他の寺院の火災にも当てはまることのようです。

同じく「五、平安貴族たちの長谷寺詣」（72頁以下）で触れましたが、参拝客が奉納するおびただしい数の灯明もその原因の一つではないか、という推測もあります。たくさんの灯明があがれば火事に発展する心配があると考えるのは至極まっとうですが、しかし一度ならばいざ知らず何度も同じ過ちを犯す愚を繰り返すだろうかという思いもあります。また永島福太郎氏によれば最後の天文年間の火災は兵火によるものと推測されています。京都が応仁の乱以降、極めて治安が乱れていて、奈良や長谷にもその影響が及んだということです。

また、先の「長谷寺本堂観音像被災年表」を見てすぐに気がつくことは、当たり前のことですが定期的に周年的で火災が起きているわけではないことです。

一五八八（天正十六）年の専誉僧正の長谷寺入寺により体制が整理され、さらに江戸時代に入り幕府の宗教政策の影響により、「緩やかな」寺院経営から根来寺由来の「組織だった」運営へ移行していったように見えます。実は、このような専誉入山前後の「移行期」の長谷寺は、ある意味では私の専門である宗教学の視野から見ると大変興味深いところですが、そこについては別の章で論じてみたいと思います。

長谷寺ではとくに中世末から信者層の幅が拡大し、大阪方面からの商人の信者層は大きな力となって来ました。長谷寺では一四六九（文明元）年にも、本堂こそ罹災しなかったものの大きな火災に遭遇しています。その時に観音堂隣接の礼堂と舞台は、大阪堺の豪商湯川宣阿による寄進で行われたと伝えられています。応仁の乱もあり都の貴紳が疲弊していたこともあったのでしょうが、富裕商人層と長谷寺の繋がりは当時の長谷寺の新しい展開でありました。

時代は下りますが、一九一一（明治四十四）年の大講堂の焼失のときは、再建総予算五十四万円のうち、半分の二十七万円は関西の信者層を当てにしたものでありました（後の半分は末寺に頼りました）。つまり当時も大阪あるいは三重松坂方面の信者層は長谷寺にとって大きな存在でした。学問寺と信者寺という二重構造は明治時代に入っても存続していたことがよくわかります。

七、長谷寺と水害

一　洪水による被害

長谷寺は山寺ですから、風雨にさらされることも少なくありません。私の総長在任中（平成二十八年〜令和二年）の間にも、本堂の西にある蓮花谷が十月の大雨で被害を受け崖崩れが起き、約一年の間、参道が破損し車の通行が不可能となりました。私の記憶に間違いがなければ、その補修に約三千七百万円ほどの工事費がかかったと記憶しております。特に昨今の異常気象は、山寺にとって頭痛、心配の種であることは間違いありません。

長谷寺の災害といえば即火災と考えがちですが、しかし水害も実は決して看過できない災害なのです。長谷寺の年表をみていくと、「大洪水」という文字が目に入ってきます。

九二六（延長四）年七月に大洪水がありました。また一三〇二（乾元元）年、大雨大風で長谷寺の多くの房舎が流れるという記事があります。江戸時代の『護国寺日記』『護持院日記』によれば、何度も大雨で堂舎が何棟も被害を受けた旨が報じられております。一九三〇（昭和五）年七月の集中豪雨でも長谷寺は大被害を受けました。

初瀬川自体も昔から急流で有名であり、大雨で荒れる川として名が通っているようで、残された詩歌にも急流初瀬川を詠ったものがとりわけ数多いように思います。その記録のなかで最も著名なのは江戸時代の一八一一（文化八）年の「初瀬大流れ」と呼ばれる初瀬川の大洪水です。犠牲者は一二六名に上ったと伝えられています。

残された記録としては門前町の有志によって書き残されたものがあります。大きな水害だったので、識字率五〇％だったという江戸時代のことでもあり、その惨劇の様子については当事者たちが残した記録がいくつかあるようです、私が見ることができたのは二つです。その両者を参考にしながら、当時の様子を再現してみましょう。

二　初瀬大流れ

その大水が起きたのは一八一一（文化八）年六月十五日の晩でした。新暦でいえば七月末ごろでしょうか。その日は亥の刻（二十一時～二十三時）に猛烈な雨が降ったと伝えられています。記録を読むと現代のゲリラ豪雨のようです。はじめは前の道路から家の中に水が入ってきたのですが、この程度のことは以前にも経験したことだと思っているうちに、後ろの川（初瀬川）もあふれて押し寄せ、大きな音を立てる水に家は前後から襲われるかもしれないと住民全員がパニック状態になり、報告では、暗い川を大きな牛のようなものが流れてきて、住民をさらに恐怖に陥れたとのことです。家財も逃げ遅れた人々も濁流に呑み込まれ、人々はなすすべもなかったのです。雷が落ちるような音が聞こえ、その音が鳴るたびに「南無阿弥陀仏、何卒たすけたまえ、南無阿弥陀仏」と唱える以外の方法はなかったと報告されています。光明真言や南無大師遍照金剛をお唱えするのでなかったのか、と思わないでもないのですが、長谷寺はご祈願や学問が盛んなお寺で、住民の檀那寺は真言宗ばかりではなかったのです。

南無阿弥陀仏は平安中期頃から日本に広まったわけですが、かえりみますと浄土教系の仏教は後世の宗派的な限定内にとどまることはなく、いわゆる天台系、真言系の仏教にも大きな影響を与えることになりました。真言宗中興の祖、覚鑁《かくばん》上人も、ご存知の通り浄土思想に強い関心を持たれました。浄土思想の影響はお念仏の宗派だけでなく、その他の仏教諸宗派にも多少とも及びました。

長谷寺はもっぱら祈願の現世利益中心のお寺で、極楽往生を願う人々のお寺ではなかったように思われていますが、実は平安末以降から往生信仰をもった僧侶が関わり続けたようです。

長谷寺には阿弥陀さまが極楽へと衆生を迎えに来る立派な極楽来迎図が伝わっております。また本尊十一面観音像の裏側の壁（板面）には大きな阿弥陀如来二十五菩薩来迎図が描かれており、加えて、平安末から往生信仰をもった僧侶が山内に居住し修行していたという記録もあります。本堂は正面では観音像、裏側には阿弥陀来迎図を配し、いわば同時に礼拝する形になっており、長谷寺において阿弥陀如来信仰も根強かったことを物語っています。現世の願いと来世再生の願いの二つを長谷寺はかなえていたのであろうと思います。ですから「初瀬大流れ」のときの民衆が、念仏を唱えたところで何の不思議もなかったのではないでしょうか。

三　被害状況

大洪水は翌日には近隣にも伝えられ、親族の安否を気遣う人々と大災害を見たいという野次馬がどっと長谷寺門前町におしよせ、わずかに残った田畑を踏み荒らされてしまったと報告は嘆いております。一部の犠牲者の遺体や家財は大和川をさらに堺方面まで流されました。

長谷寺自体の建物や僧侶たちは、洪水の直接的被害を受けなかったのですが、仁王門前の通

「初瀬大流れ」の犠牲者供養碑

出雲地蔵堂

称「桜馬場」の広場は洪水が押し寄せ、その周辺に居住していた長谷寺関係者である半僧反俗の関係者は住まいが流され、また一部関係者が洪水の犠牲になったようです。

長谷寺観音堂の東の御供所《ごくしょ》そばを約三〇メートルほど登ったところに、初瀬の人々の共同墓地がありますが、そこに大洪水から約五十年後に建立された犠牲者供養碑が建てられています。

さらに長谷寺から桜井市中心部へ戻るように国道一六五号線を約二・五キロメートルほど進むと道路脇に「出雲地蔵」を祀る小堂がありますが、中には室町期の作と伝えられている石の地蔵さんが祀られています。このお地蔵さんは一八一一（文化八）年の大洪水で長谷寺の仁王門下、桜馬場に祀られていた地蔵尊がこの地（出雲地区）まで流されてきたのを、がれきのなかから村人らが掘り起こして祀ったとの由緒が語られています。いまでも地元住民がお祭りをしています。

八、長谷寺と菅原道真

一　菅原道真

　菅原道真は長谷寺と大変深い関係を持っています。ただしその関係は色濃く伝説にまとわれています。両者の関係は切っても切れぬ縁といってもいいでしょう。菅原道真（八四五～九〇三）は平安時代前期を生きた政治家、貴族、学者、漢詩人です。大変優秀だったようですが、様々な活躍をするうちに政敵と対立するようになり、最終的には政争に敗れ失意のうちに九州の太宰府に流され、そこで亡くなります。没後しばらく経ったのち、京都には激しい落雷が続き、道真の政敵たちが次々に落雷で亡くなります。そのため、道真の怨霊の祟りということになり、そのうち道真の霊を改めて祀り直すために京都の北野天満宮が建立されて、崇敬されるようになります。歴史が経過するに従い道真も神となり、いま一つの道真の特徴である「文人としての道真」という面が全面に出て、全国的に天神さま、天満宮というお宮が祀られようになり、今や受験や学業成就の神さまとあがめられているのはご存知の通りです。

長谷寺の地主神《じしゅしん》（その土地を守護する神）として、長谷寺と初瀬川を隔てて、その向かいに鎮座する與喜《よき》天満神社にお祀りされているのが、菅原道真です。

仏教と日本の神々をまつる神道は、奈良時代頃から始まって幕末に至るまで、神仏習合思想の影響で、仏は神とおおもとでは同一であり、日本の神々はもともとインド仏教の仏であり、それが日本には神として現れたと解釈されてきました。つまり多くの寺院が神道と綿密な関係をもっていたのですが、そのなかでも長谷寺の場合は天神さまつまり菅原道真とは特別濃密な繋がりで、菅原道真は十一面観音さまの化身とまでいわれており、それはここ長谷寺で生まれた所説と言われています。

長谷寺第七十六世化主川田聖見猊下は、「〈菅原道真は〉長谷寺にとっては忘れることの出来ない大恩人です」とまで言い切っています。また戦国時代から江戸時代の長谷寺の歴史に大変詳しかった櫛田良洪博士は「長谷寺と天神の関係は単なるものでなく全く不即不離となって居た」と言い切っておられるほどです。

通りゃんせ　通りゃんせ　ここはどこの　細道じゃ
天神さまの　細道じゃ　ちっと通して　下しゃんせ
御用のないもの　通しゃせぬ　この子の七つの　お祝いに
お札を納めに　まいります　行きはよいよい　帰りはこわい
こわいながらも　通りゃんせ　通りゃんせ

この歌に記憶がある年配の方も少なくないのではないでしょうか。なんとなく、不思議な雰囲気を持つ、そこはかとなく不気味な怖いイメージのある歌で、同様の感じを持つ人は私たちの世代にはいるように思います。なぜだか、それはわかりません。

道真が祀られるようになった直後は、菅原道真座像は多く恐ろしい忿怒《いかり》の顔をした像として祀られ、「怒りの天神」像と呼ばれました。長谷寺の隣の與喜天満神社座像もそうです（次頁の写真参照）。

亡後の道真には「恐ろしい、怖い」というイメージがつきまとっています。とくに死後は顕著です。『北野天神縁起絵巻』に「柘榴《ざくろ》天神」という話があります。道真没後まもなく、天台座主尊意僧正のもとに道真の神霊が現われ、自分のことを調伏せぬよう頼んできました。尊意が難色を示しました。それに対して道真の霊は、喉の渇きに出されたざくろの実を含み、部屋の入口の戸を吹きかけたところ、ざくろは炎となって燃え広がったというストーリーです。とにかく、道真の怨念《おんねん》はすさまじいのです。その後、時代を経て天神さまは、菅原道真が卓抜した文人であったこともあり、学問の神さまとなり受験生にまで礼拝されるようになったわけです。

菅原道真は生前、十一面観音信仰者であったと伝えられております。それゆえ長谷寺と縁が深いのは当然ともいえますが、『長谷寺縁起』という長谷寺の由来を書いた書物も、天皇の命により菅原道真に書かせたものであるとうたっています。縁起はどこの寺社にもありますが、内容はその寺社の始まりから書かれておりますので、神々や仏菩薩の奇跡などもあり、いまから見るととても事実のこととは考えられない内容もあります。しかし、

菅原道真座像（與喜天満神社蔵）

日本中世以降、かつては勧進聖が「縁起」を持ちながら、各地の大名や貴族に寺社への寄進をお願いにいったのですから、その「縁起」に著名人が出てくることは、大きな効果を持っていたということです。長谷寺の場合、天神さまがお書きになった「縁起」という触れ込みは、おそらく多大な効果があったはずです。

二　善神道真

長谷寺には『長谷寺縁起』とは別に『長谷寺験記』という書物があります。「験」とは霊験のことで、この本は長谷寺で起きた様々な霊験つまり観音さまからの奇跡の証しを集めたものであります。その中に菅原道真が初めて長谷寺に出現したときのストーリーが載っています。神秘的な物語でとてもこの世のものと思えないのですが、妙にリアルな雰囲気もしないわけでもありません。まずはその物語を簡略にまとめてご紹介しましょう。『長谷寺験記』上巻第十一話「菅原道真が天神となって後、長谷寺に鎮座して、過去世の悪心による罪業を除いた話」です。

朱雀院の御代《みよ》（九三〇～九四六）、長谷寺に俗人ではあったが一生戒律を犯さず、酒を飲んだり肉をたべない浄行の武麿《たけまろ》という者がいた。験力《げんりき》に優れ占いや祈祷にも優れた能力を持っていた。九四六（天慶九）年九月十八日夜、武麿は観音堂の正面に籠もって勤行をしていた。すると明け方、狩衣《かりぎぬ》（貴族の常用した略服）装束の俗人が武麿の夢に出てきた。不思議に思っていると、同月二十日の日没、初瀬川下流、武麿の家の前に六十歳ぐらいの旅の俗人が狩衣装束で石の上に坐っていた。その様子は気高く立派でただ者とは思えなかった。よくよくみると十八日の夢に出てきた人だった。そのうち、俗人はゆっくり観音堂に向かって一町（約一〇九メートル）ほど登ったのである。

疲れた様子の俗人に接待しようと武麿は家に戻り長谷寺へとって返すと、その貴人は長谷寺の当時の参道を登らず、観音堂にまっすぐ通じる小道をお上りになった（この道が現在の登廊の参詣道といわれている）。

武麿は道明上人の御廟の前で俗人に追いつき、俗人にお酒を接待した。俗人はお喜びの様子で、それから観音堂にお参りになった。そして観音様の御前にて何時間も経典を読誦され、さらに鎮守の神である瀧蔵《たきのくら》社に参って再び何時間も誦経《じゆきよう》された。真夜中になり、天から黒雲が下りこの俗人を取り巻いた。そののち黒雲が消え、もともとは狩衣装束だった俗人が束帯《そくたい》装束（貴族が晴の場でつける衣装）になり、にわかに多くの従者も現れた。瀧蔵社の中から今一人の束帯装束つまり瀧蔵権現が多くの従者を連れて、社から出てきた。両者は拝殿の中で対談をしていた。武麿が二人の俗人の会話の内容をきくと次のようだと旅の俗人は答えたという。

「私は天満天神菅原某です。無実の讒言《ざんげん》（つくり話）を天皇に奏上（うったえること）され、九州に左遷されたとき、悪心を起こして多くの人を傷つけてしまいました。その罪は深く苦しみを受けるところであります。私はこの山に住み、観音さまにお会い申しあげ苦しみを抜こうと思っております。願わくは、この山に一つの社を造るほどの土地を私にお許し下さい」

それに対して、瀧蔵権現は、

「私はもといた山に隠遁し遠くからこの山を守りますので、この山を天満天神にお譲りいたします。今から長く地主神《じしゅしん》となって下さい」

と言い、天神に「この地は悪を断ち、善を修すのに『よき』(世喜)地です」と述べ、瀧蔵神は長谷寺の奥の地へと隠遁していった。

(以下省略、横田隆志『現代語訳　長谷寺験記』総本山長谷寺、二〇一〇年)

この話は不思議が詰まっているお話です。なんで菅原道真がよりにもよって長谷寺に突然現れたのでしょうか。九州で悪心を起こして多くの人々を傷つけたので、長谷寺の観音さまにその罪を赦して救ってもらいたいとはどういうことなのでしょうか。菅原道真こそ、えん罪をおわされ、だからこそ「怒りの道真」の像となったのではないでしょうか。さらに、長谷寺の一隅に住みたいとの菅原道真の願いに対して、地主神である瀧蔵権現はなぜ、いともあっさり自分の居所全体を道真に譲り、山奥に隠棲してしまったのでしょうか。

よく分からないことが多いのですが、菅原道真が長谷寺と一心同体ともいえる與喜神社の主神となったことは長谷寺の全国展開にも大いに役立ち、またさまざまな面で大いに効果が上がったことも間違いないと思います。「長谷寺と天神の関係は単なるものでなく全く不即不離となって居た」のです。

現代の研究データによれば、天神社、天満宮という、菅原道真を祀った神社は全国で少なくとも四千社弱あるという説もありますし、一万二千社を超えるともいわれます。それも西日本方面を中心に京都の北野天満宮を筆頭に立派な社殿のあるお宮が多いようです。

時代を経るに従い、怒り、恨みの天神イメージは善神のそれへ変換し、文筆の神さま、文芸の神さまとあがめられるようになっていきました。この性格変換は長谷寺にも大きな影響を与えます。特に室町時代（一三三六～一五七三）には、猿楽や連歌《れんが》といった文化興隆に熱心であった足利将軍たちの影響を長谷寺も受けるようになります。そのことは、長谷寺と菅原道真の関係にもうまく働き、それがやがて長谷寺の能楽と連歌の伝統となっていきました。また京都は中世に応仁の乱（一四六七～一四七七）で荒廃したため、在京の文化人たちは、文化的関心の強かった地方の守護大名に招かれて都を離れました。それを契機として京都で盛んであった文化活動が地方へと流れ、結果的に広まっていったようです。

能楽や連歌会については本書「十二、長谷寺の連歌と能楽」（152頁以下参照）でもっと触れることにいたしますが、こうした文化的活動が長谷寺で盛んに行われてきたのも、元はと言えば、文人菅原道真との関係から始まっているわけで、その意味からも菅原道真が長谷寺に来臨したという伝承が、長谷寺の〝まぐち〟を広げる大きな動機となったのです。菅原道真との濃い関係でいえば、先にも触れた通り、没後五十年ごとの法事（遠忌）が長谷寺で催されていました。そして毎月二十日には連歌会が開かれました。七夕、八月十五日夜、九月十三日夜なども長谷寺から多くの僧が出仕して歌会が行われました。連歌会は長谷寺が菅原道真に捧げる法楽という位置づけだったのです。なかでも最も大きな年中行事が與喜神社の大祭で毎年九月二十日に行われていたものです。その様子を描いた絵図が残っています。「與喜天神祭礼図」（口絵も参照）です。

長谷寺と與喜天満神社がいかに綿密な関係にあったかということも、この絵に表れています。長谷寺二十四世能化信恕の代に描かせたものです。鮮やかな彩りで祭りの様子を描いた縦約一・五メートル、横約一メートルの軸画で、異時同画という手法つまり二日間の祭りの様子と推移を一枚の絵に納めています。実はこの絵は私が長谷寺の宝物のなかで最も好きな絵です。数ある長谷寺美術品のなかで一番鮮やかな彩りであること、行事の様子が大勢の人々（計一九九人）の動きとともに描かれていて、見ていて飽きない画像です。

武者行列や神輿の渡御なども賑々しく描かれておりますが、長谷寺の僧侶が能化以下、一山を挙げてフルメンバーで参加している様子が読み取れます。この絵でもっともスペースを取って描かれている場面は連歌会のそれです。「祭礼図」の左上方のところです。連歌会では、中心上部に菅原道真の掛け軸をまず飾り、ついで能化を上段の中心にいただきながら、合計十名の僧侶が連歌会を行っている様子が鮮やかに描かれています。またこの「祭礼図」の中で二番目に大きなスペースが割かれているのが、仁王門前の能楽披露です。演じているのは僧侶ではなさそうですが、僧侶たちが見物人として大勢描かれています。

当時の天満宮内部の人的構成は不明ですが、この絵の一九九人の登場人物のうち、神主や神官のような神社関係者が大変少ないことが読み取れます。長谷寺の信恕能化が命じて描かせたと言われているので、寺関係に重点をおいて描いたとも考えられますが、寺と神

與喜天神祭礼図（長谷寺蔵）

社が一体的な親密関係にあった、神仏分離が断行されるずっと以前に描かれたことを考えると、この祭りでの長谷寺の役割の大きさがうかがわれます。研究者によれば、祭りへは人的にも資金的にも長谷寺が全面的に関わっていたようであります。連歌は與喜天満神社と菅原道真に対する最高の「法楽」とされていました。

九、長谷寺と西国三十三所巡礼

一　西国三十三所巡礼第八番札所

巡礼は世界の多くの宗教で大変人気のあるお参りです。イスラームでは信者の義務として聖地メッカ巡礼が定められています。日本でも遠方の聖地をお参りすることは大変ポピュラーな信仰行動です。庶民の旅の原型として巡礼は江戸時代に始まりました。日本には直線型巡礼と円周型巡礼があるとも言われます。直線型は伊勢神社へのお参りが代表的で、一カ所の聖地をめざす巡礼です。円周型巡礼とは数多くの聖地を順次巡り歩く巡礼で、このタイプとしては西国巡礼と四国遍路が著名です。もっともこの二タイプがあるのはインドでも同様で、なかにはアジア地域の特徴だという学者もいます。

観音さまを巡り拝む西国三十三所巡礼（以下、西国巡礼）は、日本を代表する巡礼のひとつです。長谷寺は第八番札所です。実は私は研究者時代、巡礼研究を自分の主たる研究テーマとしておりました。巡礼の比較研究を目的のひとつとしておりましたが、具体的な研究対象は日本の巡礼であり、なかんずく主に四国遍路でした。しかし比較研究の立場から、西国巡礼にも大きな関心をもっていました。

西国巡礼は近畿地方一円に点在する観音さまをおまつりする三十三のお寺さんを順繰りに巡るということで、有名なお寺さんも多く、巡礼そのものの知名度は随一です。

私が宗務総長時代、西国草創一千三百年記念大法要という大法会が二〇一八（平成三十）年四月十五日に長谷寺を会場に行われました。この記念行事は前後五年間にわたる大行事であり、そのハイライトがその大法会でした。私は当時、豊山派宗務総長という役職にあったので、その行事にも参列するという機会を持ちました。三十三の札所寺院のご住職方が長谷寺に集合して、登廊を行列を作って本堂に向かい、本堂で記念法要を執行しました。やや雨模様でしたが、大勢の西国巡礼の先達さんや信者さんがお参りに来られ、皆さんがそろって大きな声で『観音経』を唱和する様子は、普段の長谷寺とはいささか異なる迫力を感じさせる雰囲気でした。偉容あふるる立派な法要でした。

なぜ、第八番札所の長谷寺が記念法要の会場に選ばれたのでしょうか。それは長谷寺の開基である徳道上人が七一八(養老二)年、西国巡礼をお開きになったという言い伝えによったものです。申すまでもなく、徳道上人は長谷寺を開創した僧でもあり、そこで西国草創一千三百年記念大法要も長谷寺が法要会場になったというわけです。古い時代には長谷寺が西国巡礼の第一番札所だったという記録もあります。

病気のため生死の境をさまよった徳道上人は閻魔大王に会い、この世の悩める人々を救うために三十三観音霊場を広めるよう託され、三十三の宝印（仏さまの法力を授ける印章）を預かり、この世にまい戻ったと伝えられています。

その後、観音巡礼霊場は途絶えていましたが、それから約二百七十年後、青岸渡寺《せいがんとじ》（現在一番札所）にて仏門修行に励んでいた花山《かざん》法皇（九六八〜一〇〇八）の前に熊野権現が現れ、徳道上人が定めた三十三の観音霊場を再興するように託宣を授ったのです。

花山法皇は、中山寺の石棺に収められていた三十三の宝印を探し出し、「観音菩薩は三十三の姿に身を変えて人々を救う」という教えのもと、西国観音霊場巡礼を再興したといわれ、それゆえ、花山法皇を中興の祖としております。一九八七（昭和六十二）年が、花山法皇中興より西国巡礼一千年になるということから、その時には大々的に記念行事が行われました。

徳道上人説、花山法皇説のいずれも、札所寺院のいくつかとは縁が深いのですが、三十三寺を巡るという西国巡礼を編み出した方というにはやや無理がありそうです。

三井寺系の僧侶行尊（一〇五五〜一一三五）と僧覚忠（一一一八〜一一七七）も西国巡礼には縁の深い僧侶という説もしばしば語られます。三井寺系ということで天台系修験との関連もあり、修行場としての観音巡りとのかかわりがうかがえます。四国遍路も西国巡礼以上に古い時代の姿は漠然としているのですが、やはり山伏たちの修行場との関連も見られます。行尊は『観音霊場三十三所巡礼記』で長谷寺を第一番札所と記しています。以上のようなことから西国巡礼は平安時代末期にほぼ形が整っていたと考えられます。そこを巡っていたのは、聖とよばれる修行僧だったというのが定説です。

そもそも日本において巡礼が盛んになるのは近世初頭からです。江戸期になって、世の中が落ち着いて旅ができる環境が整って、初めて多くの人々が巡礼に出ることになったの

です。

なぜ西国つまりわざわざ「西の国」と冠したのかは、東国の人々が名付けたからではないかとも言われています。それは今の札所の巡り順に現れているという解釈です。熊野から始めて近畿地方を時計回りの方向に巡り、三十三番札所を西国巡礼ではもっとも東の岐阜で終えるというのは東国人に都合のいい巡り方だというわけです。そうかもしれません。また関東地方には坂東巡礼、秩父巡礼と観音巡礼が盛んだったことも、東国人による西国巡礼への関心をひきつけたのかもしれません。

二　四国遍路

西国巡礼と四国遍路は日本の代表的二大巡礼ですので、しばしば比較して話題になるところです。私は四国遍路の研究を自分の研究テーマにしました。なぜ四国遍路を選んだのだろうかと今になって考えてみると、その大きな理由のひとつは四国遍路の方がまとまりがあって、研究しやすいのではないか、と思ったからです。四国遍路は八十八カ寺で、数は二倍以上の札所数ですから、その点だけを考えると研究には手強そうです。しかし反面、西国巡礼寺院には大寺が多く、そのそれぞれが長い歴史を持った有名寺院であり、個々に研究も進んでいるように思えました。

西国巡礼にはいわゆる権門《けんもん》寺院（巨大な荘園も持ち、大きな社会的経済的影響をもつお寺）があります。興福寺に代表されるような寺院です。長谷寺は権門寺院ではありませんが、「花の御寺」というだけあって、四季のたたずまいは美事なものです。このように西国巡礼寺院は一つひとつが由緒もあり、文化財も豊富で、その意味で訪ね甲斐があり、また伽藍やお庭なども美事な札所が多いです。さらに西国巡礼は京都市およびその周辺にいくつもの札所を持っており、日本一の観光地京都の魅力が人々を西国巡礼に惹きつける大きな要素の一つとなっているのでしょう。

四国遍路には興福寺に比肩するような大寺はひとつもありませんし、長谷寺のように近畿一円から多くの信者を集めるようなお寺もありません。その代わり、八十八カ寺の結束は西国巡礼の各寺院より堅く、また、お接待というような四国遍路独特のお遍路さん歓迎の風俗がいまも根強く残り、巡礼者たちを感激させています。歩いて巡る巡礼者いわゆる歩き遍路なども四国遍路の方がずっと数多いです。健康ブーム、ウォーキングへの関心の高まりなどから、歩き遍路の世界は一種独特の関心と参加への憧れを持っています。西国巡礼にはそうした動きが目に見えて増えることはないと思いますが、四国遍路では、いわゆる観光メインの巡礼者はそれほど多くないと見られています。しかし四国遍路巡りの人数は、最近十年ほどは停滞あるいは下降気味とされているようです。社会のニーズに敏感に反応してきた四国遍路は、社会における大きな価値観の変容に直面して苦悩しているということかもしれません。特にコロナ禍における旅行制限は大きな障害となっているようです。

西国巡礼には国宝クラスの美術的価値の高い仏像や宝物をもっているお寺も多く、西国巡礼の巡礼者だけでなく、個々のお寺で参拝客を集めることのできるお寺も多いのですが、四国遍路はそうした個々に参拝客を集められるお寺はほとんどありません。

長谷寺に多くの参拝者が来山してきた要素には、少なくとも近代以降、二つの大きな流れがあります。それは中世以来の、関西一円からお参りになる参詣と、いま一つは豊山派総本山として所属寺院の檀信徒による本山参拝です。檀信徒や門徒の本山参詣も研究者の世界では遠隔参詣あるいは巡礼として扱うのです。

そういう訳で私はもっぱら四国遍路研究でしたから、四国遍路と西国巡礼を同等に扱う資格はないのですが、研究者仲間の中では、四国遍路に興味を持つ者が多かったように思います。車利用遍路の出現、その後の歩き遍路の増加、戦後一貫して右肩上がりであった遍路者数など、社会の影響をより間近に見て取れる巡礼のような気がしていました。四国遍路の人気がどんどん上っていたのも私の研究意欲を一層駆り立てました。

しかし個々の有名寺院への個別的参詣を巡礼と考えるのであれば、西国巡礼を構成する寺院への参拝者の合計は、四国遍路への巡礼者の総数とは比べものにならないほどの多さで、四国遍路は盛んなときでも年間二十万人などと推測されていました。西国巡礼であれば、京都の清水寺一カ寺であれ、その数十倍の参詣客数でしょうから、巡礼としての西国巡礼の規模は桁違いということです。平常時の長谷寺は年間参拝客約三十万人と言われていますが、それは四国遍路の巡礼者が一番多いと言われている第一番札所を勝る数です。但し西国巡礼では三十三カ寺をすべて回る巡礼者がどの位いるかということになると、また別の数値となるでしょう。

三　さまざまな巡礼

実は長谷寺が巡礼対象になっているのは、西国巡礼だけではありません。まず、奈良大和四寺巡礼があります。飛鳥地方、東奈良地方の創立一千二百年以上の古寺である長谷寺、室生寺、岡寺、安倍文殊院の四寺を巡る巡礼で、開創していまだ十年も経過していませんが、長谷寺では西国巡礼に次ぐ巡礼者を迎えています。車であれば一日行程で巡ることができ、大和地方の古寺らしく、四寺とも高度の仏教文化財を保有しています。またインターネットを駆使した情報発信をしており、それも参拝者数が伸びを示している理由ではないでしょうか。

奈良大和四寺巡礼以外にも大和七福八宝めぐりという巡礼があります。桜井市の三輪明神大神大社を中心にした、長谷寺の大黒天、信貴山朝護孫子寺の毘沙門天、當麻寺中ノ坊の布袋尊、安倍文殊院の弁財天、おふさ観音の恵比寿天、談山神社の福禄寿、久米寺の寿老人の七福神めぐりであり、奈良県の一宮である三輪大社を中心にしたものであろうかと思います。

以上三霊場以外に神仏霊場会、八十八面観音巡礼、真言宗十八本山巡礼があります。八十八面観音巡礼とは奈良の西大寺・法華寺・海龍王寺・大安寺・法輪寺・聖林寺・長谷寺・室生寺の十一面観音を巡礼するということで、十一面×《かける》八カ寺で八十八面ということです。真言宗十八本山巡礼は近畿一円の真言宗の十八の寺院を巡るということで、この霊場会の寺院はお正月に東寺で行われる後七日御修法《ごしちにちみしほ》を催すことで有名です。

以上、長谷寺は、六つの巡礼の札所となっていますが、このように一つのお寺が、いくつも巡礼に加わっていることは決して珍しいことではなく、お寺で希望する旨をのべれば、これらすべてのご朱印を頂戴することができますが、ご朱印料は六巡礼合計分です。長谷寺でのご朱印は本堂脇の納経・朱印所で頂くことができます。

西国巡礼の魅力はなんといっても私たちが学校の歴史教科書で習うような古寺、名刹がいくつも出てくることです。そしてそれぞれのお寺が保有している文化財もきら星のごとく国宝、重要文化財が軒並みに揃っていて、日本が誇る歴史のある深い仏教文化を身近に体験、鑑賞できるメリットがあります。

さきほど庶民の巡礼は江戸時代に始まると申し上げました。江戸時代は乗り物を利用することはなくすべて歩きでした。庶民は馬に乗ることは禁じられていたのです。それが近代に入り、昭和の初め頃から車を一部利用しながらの巡礼が出現します。さらに戦後は観光バスによる札所巡りが大流行となりました。その後マイカーがバス巡礼に取ってかわりました。戦後経済の高度成長とも相まって、西国も四国も巡礼者の数は右肩あがりとなりました。昭和の最後期から平成期にかけて、旅行の仕方も多様化し、四国遍路には全行程を徒歩で歩き切るという歩き遍路が復活し、いまでも一定数がいます。西国にも歩き巡礼はいると思いますが、目に見える現象として把握できるほどではなさそうです。四国遍路に歩き遍路がいて、なぜ西国巡礼に歩き巡礼がないのか。その理由は明確でありませんが、四国遍路の方が歩いて回るのに自然環境的にも交通環境的にも合っている、といえるかもしれません。さきほども申し上げましたが、四国遍路の方が社会の動きに反応しやすいという面があるのかもしれません。西国巡礼のお寺さんの方が歴史が古く変動を受けにくいのかもしれません。

十、長谷寺専誉と智積院玄宥

一　はじめに

真言宗はいくつも分派がありますが、私たちは真言宗僧侶として物心つくと同時ぐらいに、「豊山派と智山派は兄弟宗派である」というような言い方を先輩たちから習います。具体的にそれが何を意味するかは別にして、非常に近い関係ということで考えて見ると、両宗派が合同で行う行事があります。智山派と豊山派の合同の布教師講習会（「智豊合同布教講習所」）があります。戦前に始まったようですが、戦後に新たな装いと意欲をもって再開されました。敗戦、民法の改正、いわゆる新宗教の隆盛といった社会の新しい動きに対して、真言宗の「兄弟宗派」もそれなりの問題意識をもって対応を考えようという一種の危機意識のなかで生まれた合同講習会だったと聞いています。いまでも毎年行われています。長谷寺と智積院を一年おきに会場として開催されます。いささかマンネリ化も否定できない傾向があるように思いますが、両派内局の首脳陣をはじめ両派の僧侶たちが一堂に会して意見を披瀝するということには、それなりに一定の意義があるといえます。しかし、それ以外に宗派という次元で共通行動をとるような営みは見当たりません。

私は宗務総長時代、上記の布教講習所開催のとき以外に一年に何度か智積院さんにでかけました。それは真言宗十六派十八総本山が集まって構成する真言宗各派総本山会という組織があり、その会合が京都市の真言宗智山派宗務所内で開催されるからです。しかし、宗派幹部としての職務として智積院にお邪魔するのがメインで、智積院がどのようなお寺であるか、豊山派の長谷寺とはどういう関係があるかなど、智積院の歴史的背景、長谷寺と智積院の関係などにはほとんど関心が向きませんでした。

しかし、本書の執筆に取り掛かると、長谷寺と智積院との関係、豊山派と智山派との間の深い関係について知るようになり、大いに関心が沸いてきました。実は私だけが智山派や智積院のことを知らないのかと思いましたら、どうも私だけではなさそうだということがわかりました。僭越ながら智山派の方々も長谷寺のことをあまりご存じない方が多いようです。そこで両寺の深い関係を少々勉強してみました。

二 根来から高野山、そして長谷寺と智積院へ

皆さんがよくご存じのことだと思いますが、豊山派の派祖専譽僧正、智山派の派祖玄宥僧正は、ともに、同時代を和歌山県根来寺で過ごした僧侶です。専譽僧正は一五三〇（享禄三）年に生まれ、一六〇四（慶長九）年に遷化されました。玄宥僧正は一五二九（享禄二）年生まれで一六〇五（慶長十）年に遷化されました。武家社会の成立という安定期に日本が入っていく直前の騒然とした時代です。本能寺の変が一五八二（天正十）年、関ヶ原の戦いが一六〇〇（慶長五）年です。続いて大坂冬の陣が一六一四（慶長十九）年、夏の陣が一六一五（慶長二十）年です。武士による日本統一への歩みという大きな歴史の流れと、豊山派、智山派の誕生は、実は直接、間接に大きな関連を持っています。専譽僧正、玄宥僧正は純粋の学問僧であり、血なまぐさい戦いの世界にはまったく関連していませんが、お二人が学問

僧として能化《のうけ》（最高指導者）を務めていた根来寺が、この武士による日本統一という歴史の流れに直接関連しているのです。

戦乱の室町時代を経て、十六世紀後半、有力な武士たちが全国統一を目指すようになりました。つまり織田信長、豊臣秀吉、徳川家康です。かれらの目に全国統一を阻害するものと写ったのが近畿各地の武装化した大寺院でした。高い経済力と武力を有した大寺は、一種の「共和国」を形成し、武士らが容易にその領地に踏み込むこともできませんでした。「境内都市」を構えていました。それは当然、全国統一を目指す武士階級には迷惑な存在でした。なかでも紀伊地方にはそうした武装する大寺が目立ちました。すなわち、高野山、粉《こ》河寺《かわでら》、雑賀衆《さいかしゅう》（現和歌山市周辺を拠点としていた鉄砲傭兵集団で本願寺門徒が中心）などで、その中に根来寺も入っていました。

当時、根来寺を牛耳っていた根来衆といわれる僧侶ならぬ僧兵集団が、豊臣秀吉軍と対立関係となりました。鉄砲で武装化した根来寺僧兵集団は、権力者たちにとって全国統一の障害でしかありませんでした。当時の根来衆は、七〇万石大名に匹敵する財力と武力を有していたと言われております。根来寺は二千以上の堂宇を有する巨大な寺院であり、根来衆が傭兵として戦国時代に各地の戦いに参加して得た報酬が蓄積し富裕な寺として著名でした。

全国統一を目指す武士たちにとっては、独自の共同体を維持する寺院勢力は統一を阻害する存在であったためこれを叩くべく攻撃をしました。織田信長による比叡山攻撃はその一例です。

根来寺も同様に武士による統一国家をめざす勢力には不都合な存在であったため、豊臣秀吉は使者を根来寺に送り武装解除、一部荘園の放棄を提案しました。しかし根来衆の一部過激派が秀吉側の申し出を断り、挙げ句の果てに秀吉の使者が宿泊していた建物に鉄砲で威嚇攻撃を仕掛けました。この無謀な仕掛けに豊臣軍は交渉を打ち切り軍を根来寺に向かわせました。裕福な根来寺を狙って豊臣軍の兵士らの略奪行動が始まり、根来寺は二千に上る建物の大半を焼失することになりました。

根来寺にいた専誉、玄宥らも学僧（学侶といった）たちも、戦いの始まった一五八五（天正十三）年三月二十二日から二十三日にかけて根来寺を脱出し、高野山に避難することになりました。専誉は高野山の浄智院に、玄宥は清浄心院に避難しました。専誉、玄宥の弟子たちもこの避難に同行しました。私が知り得た資料では、専誉、玄宥あわせて一行数百人となっています。それなりの目立つ一行だったのではなかったでしょうか。

ところが、豊臣秀吉は根来寺襲撃に続いて、同年四月には高野山にも武装解除、一部荘園の放棄を要求しました。秀吉の「紀州征伐」と呼ばれています。高野山は結局のところ秀吉の要求を飲むことにより、根来寺のような全山が灰燼に帰すことから免れることができました。

専誉僧正にとって高野山はどのような場所だったのでしょう。根来寺を焼き尽くした秀吉の軍門に下った高野山は安閑として過ごせる場所ではなかったのかもしれません。さらに、中世以降の高野山真言宗と新義真言宗の祖である興教大師覚鑁との微妙な関係が、そこに影を落としていたのではないか、という推測を述べる方もおられます。いずれにせよ、専誉も玄宥も、高野山で安穏に過ごすことができなかったようです。専誉は泉州国分寺へ、玄宥は京都醍醐寺に移っていきました。

その後、専誉は一五八八（天正十六）年、つまり根来を離山したのち三年で、大和郡山城主羽柴秀長の誘いで長谷寺に入山しました。羽柴秀長は豊臣秀吉の一族であり秀吉の根

専誉僧正座像（長谷寺蔵）

来攻撃にも軍功がありました。秀吉も秀長を重用しましたが、秀長は一五九一（天正十九）年に突如死去してしまいました。秀長がなぜ専誉を招聘しようとしたかについては不明なところもありますが、おそらく興福寺の監督管理権も弱まり、長谷寺が在家者や半僧半俗の僧侶などによる運営に任されていたことに対して、秀長がいわば長谷寺のてこ入れのために、著名な学僧であった専誉に入山を懇請したのではないか、と考えられています。

羽柴秀長の誘いでの長谷寺入山でありましたが、当時の長谷寺は極めて大衆的な寺院のたたずまいであり、歴史的寺院としての風格にはやや乏しい寺院であったようです。豊山史の泰斗である故櫛田良洪博士の研究によれば、長谷寺の引継ぎ書類に記される宝物リストは法相宗寺院また霊山として相応しいものは少なく貧弱な内容であったようであり、専譽僧正のご苦労が偲ばれるところであります。新義真言宗の法灯を護るために、あえて複雑な面を持つ長谷寺への入山を専譽僧正は決意されたのかもしれません。こうして専譽僧正はこの長谷寺に、根来寺時代の小池坊妙音院を再興したのです。

他方、玄宥僧正は高野山を追われてから京都醍醐寺の三宝院で二年ほど過ごし、そのあと高雄山寺（神護寺）に身を寄せました。いずれも招かれての好待遇の滞在という風情では無かったようであります。その後、一五九八（慶長三）年に徳川家康の指示で京都の北野に寺屋敷地が与えられることになります。この時が玄宥僧正の独立第一歩であり、これを智積院再興の第一歩とする見方もあります。さらに一六〇一（慶長六）年に、京都東部の豊国神社用地を家康の配慮で与えられることになり、この地で寺院建立を行い、これを文字通り智積院再興とする見方も有力です。智積院は根来寺内にあり玄宥の住職地でありましたが、秀吉軍によって焼尽して廃寺となってしまったわけで、一六〇二（慶長七）年にこの京都の豊国神社跡地に建立した寺院をふたたび智積院と名付け、玄宥は中興第一世となりました。

玄宥僧正にとって、一五八五（天正十三）年に根来寺が炎上して以来、十六年を経ての智積院再興でした。智山史の研究者たちは、玄宥のこの雌伏《しふく》十六年を「流浪の十六年」と呼び、派祖のご苦労をねぎらっています。他方、専誉が長谷寺へ入るのは根来寺を離れて三年後であり、豊山史研究者は私の知る限りこの間の専誉僧正を「流浪の身」とは評していません。

一般的に言って、宗教家が流浪の身となることはそれほどまれなことではありません。特に新たな教説をたてたり、新規に教団を形成する場合には、旧勢力から妨害や迫害を受けコアな弟子たちと共に「流浪」の旅に出るということはしばしばあります。百名以上の仲間を連れながら、高野山、醍醐寺、神護寺と居場所を変えながら、十六年間移動して歩いた玄宥僧正グループには流浪という言葉も当てはまるかもしれません。

三　常住方と客方

専誉僧正は一五三〇（享禄三）年の生まれで、一六〇四（慶長九）年遷化されました。玄宥僧正は一五二九（享禄二）年生まれで、一六〇五（慶長十）年遷化されました。ほぼ同じ世代で、同じ根来寺に学侶（仏教研究者）として過ごしました。専誉は和泉国大鳥郡（現在の大阪府堺周辺か）出身、玄宥僧正は下野国都賀郡皆川（栃木県栃木市周辺か）の出身と言われています。どのお寺でも同様だと思いますが、大きなお寺に弟子として入寺すると、出身地別に宿舎をあてがわれるのが普通です。たとえば武蔵国出身者寮、下総国出身者寮などです。恐らく根来寺においても所化たちは基本的には出身地別に、いまでいえばクラス分けできていたと思います。その区分の有力なものが、常住方《じょうじゅうがた》と客方《きゃくがた》の区分でした。常住方とは関西方面出身の学侶で基本的に根来寺で得度してそのまま根来寺に住み込み、学問を習得した僧侶であり、客方とは関東など地方からの来山者でそれぞれの師僧の元で得度を済ませその後勉学のために根来寺に登嶺した学侶のことです。この二つのグループが派閥を形成することになりました。両グループが競い、能化を推薦し、話し合いがつかずに二人の能化が並立するときがありました。専譽と玄宥はちょうど二能化の時代であり、専譽が常住方の能化、玄宥が客方の能化となっていました。その時期に根来寺焼失の大事件が起きたため、高野山に避難するにも二グループに分かれて高野に向かったのです。恐らく当事者たちにとっては、当然の二グループ別々行動だったはずです。それがそのまま根来退避の行動でもグループごとの逃避となりましたし、その後もごく自然に豊山派、智山派という二つの分かれた流れとなっていったのでしょう。

この常住方、客方は、江戸時代に入った長谷寺でもそのまま二グループ分立が続いていたようですが、次第にその必要性も無くなったようで、長谷寺と智積院ともに山内における区分をなくしたようです。しかし豊山派と智山派は近代に入っても別々の宗派として活動を続けています。

宗教教団の分離、独立といえば、教義的なもの、理念的なものの違いがその原因となることが多そうに思います。理念が原因になることはもちろんありますが、それに至る人間関係のもつれが今ひとつの大きな原因になることはどのような分離、独立でも見られることです。

しかし豊山派と智山派は、人間関係のもつれという理由だけで分離した二派であるということにはなりません。両派は寄って立つところの法流が違います。法流とは事相に関する流派のことです。

事相とは、お坊さんはご承知のことですが、真言宗の実技、実修に関する決まりです。手に印を結び、口に真言を唱え、心に仏さまを念じて、儀式をとり行うわけですが、その作法や法具の使い方、お堂の中の飾り方などが流派によって違います。豊山派は大伝法院流であり、智山派は幸心流です。僧侶などには脇で見ていると異同が分かるのですが、一般の方がたには分からないことかもしれません。また、声明などにも違いがあるとされますが、法流などのように徹底したものではありません。声の出し癖が地方によって違うということもあります。ただし法流についても複数の法流を認めている派もあり、あまり原理主義に固執しない方がよろしいでしょう。

十一、専誉の入山と学山への歩み

一　専誉の長谷寺入山

千三百年余の長谷寺の歴史は多様できらびやかな面が散見できますが、その中で最大の変革は一五八八（天正十六）年の専誉僧正入山とそれ以降、新義真言宗の本山、真言宗豊山派総本山となっていった四百余年の近世近代です。

徳川幕府は、全国の各自治体（江戸時代でいえば村）を管理する大切な仕組みとして、「寺院と檀家」という伝統的あり方を利用しようとしたことがよく知られています。つまり江戸期における檀家制度の確立です。その仕組みを支配の有効な手段とするためには、僧侶の質向上ということが不可欠なことでした。いわば村におけるリーダー、知識人の育成です。そのために幕府は僧侶育成制度を充実させようとしました。ただし徳川家康は単に僧侶を政治や行政に利用しただけというわけでは無さそうです。家康自体、仏教儀式に大変な興味をもっており、新義真言宗の論議という法要つまり教義問答の法要をなんども自らの前で実践せしめて、大いに楽しんでいたという事実もあります。家康は僧侶を育てるため、本山ないしそれに準ずる有力寺院に一定期間住まわせて、教義や儀式の勉強をさせたのです。新義真言宗でいえば、長谷寺や京都の智積院への留学制度がそれであります。

一五八八年に専誉僧正を長谷寺に招いたのは羽柴秀長（一五四〇～一五九一）です。あえて学僧として名高い専誉僧正を招いたのは、徳川幕府の意図を先取りしたかどうかはわかりませんが、後に紹介するように、信者たちは大勢お参りがあるけれども、教学的な支えが見えなくなってしまった中世末の長谷寺を、学僧を招くことで改善しようとしたと思われます。

羽柴秀長はそれがゆえに、焼き討ちにあった根来寺を逃れて高野山で一時隠棲のような形をとっていたものの不遇を託《かこ》っていた専誉僧正を長谷寺に招いたのです。興福寺とは組織的には本寺・末寺の関係でありながら、教学的にはほとんどコントロールされず、いわば祈祷寺院長谷寺の現場に任せるままになっていた宗教的秩序を回復するために、羽柴秀長は専誉僧正を長谷寺に迎えたのではないかと推測いたします。

他方、専誉僧正は根来寺崩壊により消えかかっていた新義真言宗の法灯をなんとか再生したいという強い思いを懐いていたわけで、秀長の、長谷寺入寺招請はいわば「渡りに舟」ということだったと推測されます。

このように、専誉僧正は学僧として長谷寺に招かれ、新義教学の再興を確立せんがためにその後半の生涯を尽くされたのです。

二　長谷寺勧学院

いま述べたように、専誉僧正の長谷寺での最大の仕事は、全国の新義真言宗僧侶を一人前の立派な僧侶に仕上げることでありました。三年間あるいは六年間で出身寺院に帰る者もいたでしょうが、長谷寺に何十年と残り、学問と法儀を身につけ、各地の寺院、それも本寺の住職として転出していくものも少なくありませんでした。世襲制があったわけでもなく、最初の入寺の段階で家族、家督の繋がりを切って入ったわけですから、いわば長谷寺での頑張りと幸運は、僧としての彼らのキャリアを左右するものであったといえるかもしれません。そこで専譽僧正は長谷寺に勧学院という教育・研究機関を作りました。いまでいえば大学とか専門学校のような組織です。

修行僧（長谷寺では所化《しょけ》と呼んでいました。所化とは能化《のうけ》に対する対語で、能化が「導く人」の意味で、所化は「導かれる人」の意）は、一時一千人あるいは一千二百人もいたといわれています。私もこの数には最初は誇張ではないかと思っていましたが、その後、全山、所化部屋が立錐《りっすい》の余地もないほど建っている境内古地図を見て、納得しました。多いときで七十～八十棟の所化部屋が境内に林立していたと考えられています。一部屋に二人ずつが原則だったようです。夕暮れ、所化たちが一斉に夕食をすする音が門前町まで聞こえたという話が伝わっています。うどんあるいはとろろ芋をすする音など、説はいくつもあるようです。そういえば大和はとろろ芋が名物でした。

一千人の所化といっても、秋から初冬において行われる興教大師ゆかりの報恩講にだけ毎年参加する僧侶たちの数も加えていると言われています。

もちろん江戸時代を通して勧学院の歴史にも浮き沈みがあったようで、もっとも盛んだったのは、享保年間（一七一六〜一七三六）頃だったと考える専門家もいます。

一千人にせよ一千二百人にせよ、それだけの人を宿泊させ講義をうけさせ、まとまって儀式を行うなどその全体的マネージメントは大変だったと思います。いまの大学で言えば、教務課、学生課、総務課という業務を先輩の僧侶たちがこなしていたのです。学生個々人の住所、氏名、属性などを記した交衆帳《きょうしゅうちょう》（いまでいう学籍簿）が長谷寺にいまも保存されています。

どの所化部屋に住み込むかは、伊州（愛媛県）組、土州（高知）組、上総下総（千葉県）組というように、出身地ごとに振り分けていきました。もちろん寮監にあたる先輩がいて、教育指導や生活指導を行っていました。現在よりも人間関係も単純で管理しやすかったとは思いますが、当然、勧学院には「法度《はっと》」（幕府が定めたさまざまな禁止事項）が周知させられていたと思います。

「田舎での勉強よりも本山での昼寝」という言い回しがあったと言われています。これはもちろんポジティブな意味で、総本山のほうが居るだけでもプラスの刺激を得るということを語ったものに違いがありませんが、現実には優秀な者とそうでない者、真面目な者と不真面目な者など、江戸時代といえども多様な修行僧がいたに違いがありません。

さて、所化たちはどのような勉強をしたのでしょうか。もちろん真言宗の教義（いわゆる教相）と儀礼（いわゆる事相）が中心でありましたが、決してふたつの領域にのみ限られていたわけではありませんでした。江戸時代までの日本仏教では、真言宗に限らず、広く仏教学を学ぶため他の学山に留学することはごく普通のことでした。いわば国内留学です。真言宗の場合であれば奈良の南都六宗に行き唯識など仏教思想を学び、また法儀については京都の醍醐寺や仁和寺に留学することは

旧勧学院跡地

江戸より古い時代からごく普通のことでした。江戸時代からはそれらも長谷寺で学ぶことが出来るようになったのですから、長谷寺でもかなり幅広い人材がおり、多彩な内容の講義が勧学院で行われていたということです。

長谷寺の第三十二世能化に法住《ほうじゅう》（一七二三〜一八〇〇）という方がいらっしゃいます。勧学院のカリキュラムを整理し、教授人材を優れた方法で抜擢し、新義真言宗および仏教学全般の興隆に大きな力を発揮した能化として大変著名な方です。法住能化の時代は幕末に近くなり、勧学院の勢いもかなり翳りを見せてきたころですが、それだからこそ法住能化は豊山教学の一新を目論んだのかもしれません。能化が定めた勧学院カリキュラムは「八指麾業《はっしきごう》」と名付けられ、修学領域を八つにわけてあります。八指麾業とは、「修学目標とすべき八領域」というような意味です。以下、八領域をかいつまんで紹介してみましょう。

一、順正指麾業……神道、儒教、老荘思想から始まって詩歌、讃頌、文章などの文学・文芸の研究

二、違世業……阿含経から始まっていわゆる部派仏教の諸論および律についての研究

三、法相業……法相、唯識などの諸領域研究
四、法性業……中論つまり中観思想や禅の思想の研究
五、法華業……天台仏教および浄土教仏教の研究
六、仏華業……華厳教学を中心とした教学研究
七、秘密教相業……真言学や高野山、根来、長谷寺の教学研究
八、事相研究……古義、新義の真言宗での諸法流に関する儀礼研究

以上のように、狭い領域の仏教学だけでなく「外道」の領域も入っており、法住能化が広い視野を持った学者であったことがわかります。現代の仏教学、宗学の領域を超えるような仏教研究を目指していたのでしょうか。先に述べたように、法住能化の時代はすでに勧学院が衰退期に入っていた時代であり、これらのカリキュラムが実際どこまで実践できていたかはいささか不明ですが、法住能化の目指す理想はまことに高いものであったと思います。

一千人もの所化と彼らを教授し指導する教授役の僧侶たち、それらの人々を下支えする

僧俗の人々、このような多くの人々を収容し生活をまかなっていく資金そのものはどうなっていたのでしょうか。所化たちの生活費は自己負担あるいは所化の師僧あるいは田舎の寺の有力檀家などが資金援助しました。つまり修行僧の自弁です。そのまま勧学院の収入となりました。また僧階に関する様々な費用、灯明料、供養料の収入もかなりの額になり、勧学院組織が大きくなっていくに従い、その財政は潤沢なものになったようです。長谷寺だけに限らず江戸時代の大寺では、幕府奉行所指導の元であったとは思いますが、外部への金銭貸付業務が大きな収入でした。それゆえ長谷寺本体と同様に勧学院の収支も極めて健全だったようです。

三　伝法大会

勉学が熱心であった長谷寺の勧学院を表現する語に、「論議の長谷」（「論議」と「論義」のふた通りの表記があります）があります。「論議」とはつまり議論すること、教義の解釈、字句の解釈の正誤や方向性を議論することで、それが長谷寺では大変盛んだったということです。

論議は、実は奈良時代頃から始まるようですが、僧侶たちが自らのよって立つ教義について、僧侶以外の人々（天皇、勅使、朝廷の上級官僚など）の前で披露することが「論議」の古い形だったようです。このような教義の披瀝を「法楽《ほうらく》」として行ったようです。法楽とは「仏法を唱えることで神仏を楽しませること」という意味です。いまでも私たちは法楽という言葉を普通に使います。「楽」という語が意味するように、法楽には、音楽性とか舞踏性といったパフォーマンス的要素がつきものです。声明公演での僧侶たちの動きを思い出していただきたいと思います。招かれた天皇や勅使、朝廷幹部たちはそのパフォーマンスを見聞きしながら、仏法を理解し、僧侶たちの論議を楽しんだということになります。当時のインテリたちの仏教理解は極めて高度のものだったということになります。

その「論議」実践のために僧侶たちは主張の内容を事前に検討したわけです。そのことが、さまざまな教義上の見解に対するお互いの見解を論じ合うという論戦、いわゆる「論議」へと発展していったようです。この同一宗内での教義の研鑽に議論を用いる方法が中世の根来寺などで盛んに行われ、後の豊山派や智山派へ引き継がれていきました。徳川家康もこの論議を大いに好み、智積院の僧侶をわざわざ駿府《すんぷ》（現在の静岡市にあたる）に招いて何日間にもわたって論議を行わせています。

この論議は長谷寺でも盛んに行われ、能化にもよりますがとくに論議を好まれた能化の場合、一年のうちで行事の中に何度も論議を行った記録があります。能化がそのつどあらかじめ真言教学の基本的な重要文献である『大日経疏《きょうしょ》』『釈摩訶衍論《しゃくまかえんろん》』などから字句を選び、それを皆で検討、議論したのです。

このような流れのなかで、修行僧たちの教義習得の程度を測るテストのような、一層儀式化された論議が行われるようになり、これが伝法大会《でんぼうだいえ》と呼ばれる儀式となりました。その内容は江戸時代の修行僧たちの大半にとっても、決して分かりやすいものではなかったはずですが、難解な字句を調べながら論議に備えるということも、勉強の大切な方法です。それは現代の学校の勉強にも当てはまることでしょう。しかしその難解さも過ぎるとまた別の問題も起きてきます。つまり理解への意欲を超える苦痛です。それは身体的苦痛と知的苦痛の両方です。

この伝法大会は現在でも総本山で毎年秋に一週間ほど開催されております。一人前の豊山派僧侶となるためのテストです。ただし、あえていうのであれば、現在のものは儀式性というか形式性が過度に強調されているきらいがあり、参加者が共感できる感性に訴えるもの、参加者が共有できる知性に訴えるものとが、かなり欠如しているのではないかと思っています。指導者層は極めて熱心にまた親切に指導するのですが、学校教育における漢文教育の後退、日常生活文化における漢字、漢文文化の衰退も考慮に入れるべきではないでしょうか。

現在の形は儀式として残して、より実質的な形でのあたらしい論議形式が別にあると良いと思うのは、私一人ではないと思います。大学の卒業論文の口述試問がややそれに似ているかもしれませんが、それには感性にうったえる現代的パフォーマンス性がもっと付加されるべきかもしれません。法楽性が不足しているように思います。

以上、学山長谷寺と呼ばれた長谷寺と学問、教育機関としての長谷寺の概略を、勧学院を中心に述べさせていただきました。このテーマについては様々な研究がなされており、中には長谷寺勧学院の懐具合つまり経済状態を資料をもとに論じた研究といった、興味深いものもあります。ご関心のある方々はそれらをご覧下さい。

さて、以上のように多くの若い人々や修行僧が勉学と実修に励んでいたのが、江戸時代の長谷寺です。しかし勉強と実修のみの日々であったらそれはなかなか息苦しいことだと思うのは私だけでしょうか。そのような状態でたとえ修行僧といえども耐えきれるものでしょうか。

そうした目で当時の長谷寺を見ると、単なる厳格さ、肩苦しさのみでない、多様な世界が併存していたと私は思っております。学問の習得に対して「息抜きの世界」あえて言えば「遊び」的価値が優先する世界も、長谷寺には併存していたと私は考えています。ではその「遊び」的世界の主なものを次に紹介してみましょう。

十二、長谷寺の連歌と能楽

長谷寺ではいろいろな文化的営みが行われてきました。それは世俗的な催し物ということではなく、どれも神仏を喜ばし楽しませるための宗教儀礼であり、宗教行事だったのです。つまり「法楽」でした。

一　長谷寺と連歌

中世日本では、連歌《れんが》という和歌を詠みあいつつ歌を続けていく集団的文芸が、武家の間にまでも盛んであったと伝えられています。実は長谷寺では室町時代はもちろん専譽僧正が入山した後の時代も連歌が盛んで、明治期まで行われていました。

連歌とは、五・七・五・七・七の和歌形式をふたりが応答してよむ詩歌の一種で、季語の位置をどうするかとか、最後の句を詠む人は長い和歌で締めるという重要な役割があるようです。なかなか工夫のいる歌作りと作法の「遊び」が連歌の世界のようです。その工夫と知識と鍛錬が必要だったからこそ、夢中になる人々もいたのではないかと思う次第です。

なぜ、長谷寺で連歌が隆盛になったのでしょうか。連歌は奈良時代に原型ができ、鎌倉期に盛んになりましたが、室町時代にはすでに下火になったという情報もあります。しかし長谷寺で盛んになったのは、むしろ江戸時代に入ってからのことです。なぜ長谷寺で連歌が盛んになったかといえば、それは長谷寺と菅原道真とが密接な関係を持っていたからに他なりません。つぎにとりあげるテーマの能楽と同様ですが、こうした文化的活動が長谷寺で盛んに行われてきたのも、もとはといえば、長谷寺が文人菅原道真と深い関係を持っているからなのです。本書の「八、長谷寺と菅原道真」（102頁以下）で述べたように、菅原道真が長谷寺に来臨したという伝承が、連歌とか能楽のように、長谷寺の〝まぐち〟を広げる大きな動機となったのです。菅原道真の命日とか年忌法要では必ず連歌が行われました。毎月二十日にも連歌会が開かれたようです。七夕、八月十五日夜、九月十三日夜なども長谷寺から多くの僧が出仕して歌会が行われました。

また、連歌の世界には室町期の時宗僧侶たちも深くかかわっていました。中世の長谷寺には勧進などを通じて時衆《じしゅ》が深く関係を持っていましたから、長谷の連歌もその関連があるに違いありません。

長谷寺と連歌の濃密な関係を示している資料に、先に触れた「與喜天神祭礼図」と呼ばれる、九月（現在は十月）に行われていた與喜天満神社の祭礼図があります。口絵のところに載せてあるカラフルな図がそれです。この祭礼は長谷寺年中行事のなかで最大の賑わいと規模を誇っていました。

この絵でもっともスペースを取って描かれている場面は左上の連歌会で、全体の四分の一を占めています。また次にスペースを占めているのは、長谷寺仁王門前での能楽奉納のシーンです。連歌会では、能化を上段の中心にいただきながら、計十名の僧侶が連歌会を行っている様子が鮮やかに描かれています。長谷寺の信恕能化が命じて描かせたと言われているので、寺関係に重点をおいたものとも考えられますが、研究者によると、祭りには人的にも財務的にも長谷寺が全面的に関わっていました。

連歌とはなかなかの技術と鍛錬、練習が必要な歌会で、日頃から訓練しておく必要があるようです。それゆえ、長谷寺などでも先生役（宗匠）がいました。現在の短歌や俳句の歌会でも熱心な方々がそれに没頭する姿をしばしば見聞きするところですが、それは江戸時代の長谷寺での連歌の世界でも同様であったようです。連歌に夢中になり学業に差し支えるという修行僧もいたと伝えられています。

このように、歌を作る楽しさをおぼえ、長谷寺で修行して田舎の寺に帰った僧侶が地元で歌会を催したというようなこともありました。勧学院の厳しい勉学の世界に比べれば、歌詠みは一種の娯楽であり「遊び」の世界だったのだろうと思います。私が知る現代の俳句、短歌の世界でもそれに没頭する人々の熱意には感心するのですが、江戸時代の長谷寺においても、一部の僧侶たちは、この「遊び」の世界にのめりこんでいたということになるのでしょうか。「僧侶と遊びの結びつき」をあらわす今ひとつの話のような気がします。

長谷寺には、江戸時代に出版された長谷寺関係者の連歌関係の書物が残されています。連歌に熟達することは長谷寺で出世の大切な条件でもあったと言われています。

いまや連歌会の具体的な様子を伝え聞いている方も総本山にいらっしゃいません。残念なことです。ちなみに先の「與喜天神祭礼図」は、連歌会が催された実際の場が描かれた珍しい絵として貴重なものだといわれているそうで、連歌に関する展示などに貸し出し許可を求める声も結構あるようです。加えて俳聖と呼ばれる松尾芭蕉は三重県伊賀上野の出身ですが、長谷寺の連歌の伝統が、偉人を輩出する土壌であったという研究者もおられます。ところで松尾芭蕉も長谷寺にお参りして参籠なされておられ、「春の夜や　籠り人ゆかし堂の隅」という一句を残されています。

二　長谷寺と能楽

長谷寺と繫がりの強かった芸能というか文化活動に、能楽があります。鎌倉時代には長谷寺に弥勒太夫という一座があったという記録もあるようですが、長谷寺と能楽の濃厚な関係は室町時代に始まります。当時は猿楽と呼ばれていたわけですが、足利家の厚い庇護のもとにプロの猿楽集団（座）が形成されていきました。長谷寺を本居とする猿楽座もありました。長谷座と称されていたという説もあります。当時の長谷寺の経済的豊かさを示す一例かもしれません。長谷寺の観音堂には古い能楽者の絵馬が飾られており、長谷寺と能楽の関係を物語る一シーンです。観音堂では毎月お能の奉納がおこなわれていたと伝えられています。なかでも観世流の発達には長谷寺が大きな役割を果たしたと伝えられています。

観世流の初代太夫観阿弥清次（一三三三〜一三八四）は幼少の頃、父母に連れられて長谷寺に参拝し、その時に道で出会った旅僧に「観世丸」と名付けてもらったという説、あるいは観音さまのお告げで観阿弥と名乗ったとも言われています。

その後、彼は猿楽者として大成するわけで

観世座十一代太夫観世重清奉納の絵馬（長谷寺蔵）

すが、人々が彼の一座を観世座と通称するようになり、そこから観世流という流派名ができたと伝えられています。清次自身も自らを観阿弥と号するようになり、その子の二代目を世阿弥といい、三代目の甥が音阿弥《おんあみ》と名乗り、三代で観、世、音の三文字を用いたと伝えられています。その観世音とは長谷寺の観音さまであるという伝承もあります。

江戸時代も、長谷寺の観音堂の礼堂《らいどう》（つまり通称「内舞台」）では毎月、能楽の奉納が捧げられ、また当時の長谷寺の大きな縁日であった六月十八日の蓮花会にも能舞台がわざわざ設けられて、山内の僧侶や大勢の見物人が集まり、席を争ったほどの賑わいでした。見物人たちは酒や菓子を用意のうえに出かけてきて、盛り上がっていた雰囲気がありました。

また毎年の九月二十日、つまり菅原道真が初めて初瀬の地に現れたと伝えられる日に行われていた與喜天満神社の大祭には、仁王門前に設えられた舞台で、お能・狂言が演じられていたのであり、その様子は先の「與喜天神祭礼図」の左下の方に大きく描かれています。長谷寺には上演スケジュールの記録が長期にわたって保存されています。

狂言にはコミカルな山伏と僧侶の演目が沢山あり、観客の笑いを誘っているのはご承知の通りです。狂言では人間味溢れる僧侶や山伏が出てくることが多いのです。

寛政年間（一七八九～一八〇一）の頃の話ですが、所化衆が群れ集まり能見物の桟敷席に溢れて、同じく観劇中の能化に無礼な振る舞いをしたということで、長谷寺内で問題になったこともあったという話もあります。一山あげてお能を楽しんだということです。

能楽師やその道具類などを特定の寺院が抱えるということは、それだけで経済的に余裕があるということです。つまりプロの能楽師を養うことはなかなか容易ではなく、文化（一八〇四～一八一八）文政（一八一八～一八三〇）年間以降幕末にかけては、能楽者の数が減少していきました。長谷寺の能楽もさびれていきました。まことに残念なことです。現在の長谷寺でも、見物人の整理が大変かもしれませんが、夏の薪能などが催されると風情豊かな良い雰囲気であるとして楽しむ方々が大勢お見えになるのではないか、と想像します。事実、ごく最近も観音堂で能楽の奉納が行われ、大変好評でした。

いずれにせよ、近世長谷寺で盛んだった能楽は、先の連歌とともにある意味で厳粛な学山の雰囲気に対極にある「遊び」の世界であり、やはり学山長谷寺の今ひとつの別の側面を見せています。

十三、長谷寺門前の狂騒

一　勧進聖の役割

総本山長谷寺仁王門前の周辺は昔、桜の並木が有名で花の名所とされ、参拝者が馬をつないでいたので「桜馬場」と呼ばれていました。長谷寺と門前町を繋ぐ、多くの人で賑わう場所であったといわれています。現在はいくつかの建築物が建てられておりますが、かつては長谷寺一山のなかでもっとも広い平らな広場でありました。仁王門の真ん前ということもあり、與喜山神社の祭礼なども、この広場で能などが奉納されたという絵が残っています。長谷寺に参拝するためにはどうしても通らなければならないところであったので、もっとも賑やかな盛り場だったのです。

たびたび触れた通り、長谷寺は火災の多いお寺です。そのたびに膨大な再建資金を必要としました。平安摂関期のように有力貴族がサポーターとなっていた時代には資金集めもスムーズだったかもしれませんが、時代が下るにつれて寄進を集めることに多くの苦労が伴うようになってきました。その事情はどの大寺でも同じようなものだったので、そのうち建築資金を集めるいわばプロが活躍するようになってきます。その傾向が顕著になってくるのが鎌倉中期以降ではないでしょうか。勧進聖《かんじんひじり》と呼ばれる僧侶たちです。勧進聖といえば高野山の高野聖が大変有名です。聖というと資金集めを生業とする、僧侶としての身分は決して高くなくとも行動力のある僧侶というイメージが浮かんで参ります。江戸時代の高野聖については、見下げた言い方をして「高野聖に宿貸すな、娘取られて恥かくな」という俗諺《ぞくげん》があります。ややネガティブな感じですが、こうしたマイナスイメージを持つ聖ばかりでなく、しっかりとした趣意書と勧進帳を持って、各地の有力貴族、武家に堂々と奉納依頼を行う聖もいました。長谷寺でも中世以降、そうした勧進聖が活躍し、また長谷寺のなかに住み込んでいました。安養院、往生院などの山内寺院にいた僧侶たちです。長谷浄土思想をよりどころとしていた僧侶がもっぱらそうした伝統を継承してきました。長谷寺では今でもお堂が存続している本願院の僧侶もそうした勧進聖系の僧侶の拠点の一つだったようです。ちなみに長谷寺であるから僧侶はみな豊山派と思うのは早計でして、豊山派僧侶だけになったのは厳密にいえば、明治期後半からだと思います。

観音さまを最初に建立した徳道上人も沙弥だったと言われています。厳密な意味での正規僧侶ではなかったと伝えられています。誤解の無いようにしたいところですが、日本や世界の諸宗教の歴史をつぶさにみてみると、いわゆる高僧と呼ばれた宗教者だけが歴史に残るようなインパクトある影響を残したとは決して言えないのです。歴史をダイナミックに動かし新しい世界に向かって舵取りをしてきた宗教家は、既成の価値観とは別の世界を目指していることもしばしばです。

二　半僧半俗の僧侶

羽柴秀長に請われ、根来寺から高野山に逃れていた専誉僧正が一五八八（天正十六）年長谷寺に招かれたのは、学問の興隆を図るためでした。専誉僧正はその時すでに新義真言宗の有力な学僧だったのです。では、迎える側の長谷寺はどのような状態だったのかといえば、それは強烈な民衆的観音信仰で賑わう大寺だったのです。学問と信仰は一致するのが理想ですが、理論と体験はしばしば対立とまでいわなくとも、現実には、合一して双方兼ね備えることはなかなか容易ではありません。専誉僧正が入山してからも、長谷寺は学問と観音信仰の二枚看板でいまに至る約五百年を過ごしてきたといって過言ではないのです。この点では、兄弟宗派とも呼称される真言宗智山派総本山智積院とは大きな違いがあります。智積院は焼き尽くされた根来寺の一院を京都に再建したものであって、これは長谷寺でいえば学問分野の学山のみを再建したものです。

中世後半の京都が応仁の乱で大混乱になり、奈良等でも各地で武家の蜂起と武家同士の衝突が続き、その影響は当然、多くの大寺院に深刻な影響を与えました。長谷寺は平安時代より続いて奈良興福寺の末寺としての管理下にありました。別当つまり住職に当たる人は興福寺から任命されましたが、長谷寺には常に住していたわけではなく、俗別当と呼ばれる廊坊《ろうのぼう》家をトップに山在住の人員が長谷寺を実際には管理したのです。末寺として上納すべきものはそれなりに厳しく要求されていたようですが、教理、教学というレベルから興福寺の配下として整えるように管理指導を受けていたのではありません。教えの継承ということで、興福寺と長谷寺は明確な上下関係にあったわけではなさそうです。ある研究者は「（興福寺の支配権は）単に別当（つまり住職）が収益を取るというだけで、教務にまで支配権を及ぼしたものでない」と言い切っています。このころの長谷寺の運営は一種の自治的な一山組織で行っていたようです（興福寺と長谷寺の関係については、横田隆志氏の最近著『中世長谷寺の歴史と説話伝承』和泉書院、二〇二三年に新しい見解が述べられています）。

長谷寺は関西の大都市の商人層つまり大阪の堺や三重の松坂の有力商人の民衆的観音信仰を集めて、寺院経営の経済的基盤としていました。また、それらの富裕層だけでなく、一般の民衆層の信仰をも集めていました。つまり当時の長谷寺関係者の一番の仕事は、富裕層、庶民層の違いを超えて、長谷観音と信者たちとの繋がりを保ち続けることだったようです。ちなみに一四六六（文正元）年には堺の商人の力で登廊《のぼりろう》の屋根の葺き替えが行われ、一四七四（文明六）年の礼堂〈内舞台〉作り替えの施主は堺の豪商湯川宣阿であったし、一四九〇（延徳二）年には九州の信者がご本尊の御帳を寄進したのでした。これらの信者さんとの橋渡しは聖たちが行ったと思われます。

その信者たちをお世話したのは、学問することをもっぱらとしていた高僧たちというよりり、やさしく熱く観音信仰を説き、信者たちとの関係を良好に保ち、信者たちが長谷寺に参詣に来たときには宿の世話から観音堂にお参りするまで、情感あふれたお世話をする人々だったのです。そういう信者さん扱いが上手な僧侶たちは、難しい学問を究めることよりも、弁舌爽やかに観音さまのご利益を説き、宿では至れり尽くせりのサービスに勤めていたのです。

かれらは半僧半俗の僧侶、つまり僧侶でありながら俗人のような生活を行っている人々、妻帯僧職者、寺を守護する役の武家（寺侍）などでした。ある意味で戦国時代のような不安定な時代という背景も、以上のような長谷寺のあり方を生み出したのかもしれません。なお誤解の無いように確認しておきたいのですが、この半僧半俗の長谷寺関係者は先に触れた勧進聖とは別の僧侶集団です。もちろん、僧侶のあるべき姿はお釈迦さまの時代から独身ですから、どういう事情があったにせよ独身僧が妻帯僧よりは身分が上です。そして教理教学の深奥を極めようとする僧侶の方が身分が上です。しかし、長谷寺のように多くの信者さんが大勢参詣し、彼らがお寺の維持に具体的貢献してくれるとなれば、その功績はまことに大きな意味を持ちます。

特に先ほど述べたように中世末期の、専譽僧正が入山した頃のように長い動乱の後に新しい社会の仕組みができる直前の頃には教理、教学よりも信者のお世話をする僧侶が長谷寺を実質的に支えていたようです。

三　桜馬場の賑わい

専譽僧正はもともと学究の高僧でしたから、押し寄せる観音信者たちの接待を得手としていたわけではないと思います。入山後は根来消滅で消えかかっていた新義真言宗の法灯を長谷寺に再興しようとしていたと思われます。

他方、長谷寺の長い歴史の根幹でもあった熱い観音信仰を持つ人々への対応はなかなか難しいことでした。また専譽僧正自身、温厚な人柄であったので、目に余るような不埒な行動以外は放任していましたし、長谷寺も江戸時代を通して、そうした民衆信仰的側面を排除することはなかったのです。

現在の桜馬場、複数の建物が建っている。先に見えるのが仁王門

専誉僧正以降の長谷寺一山の運営体制は、「方丈《ほうじょう》」「勧学院」「大仲《おおなか》」の三つから成り立っていました。「方丈」とは能化のお世話や居住施設の運営、管理などを司っていました。「勧学院」は所化育成・教育に全面的に関わっていました。「大仲」は山内の六つの有力寺院（梅心院、喜多坊、月輪院、金蓮院、慈眼院、慈心院）からなりたっており、長谷寺本尊を中心とする観音信仰高揚のための役割をになっていました。つまり専誉僧正以降の民衆的観音信仰の管理運営は「大仲」の指導下におかれました。江戸期も時代が進むにつれ、「大仲」の観音堂管理体制も次

第に強化されていったのですが、しかし完全に半僧半俗の人々を排除することは無かったようです。

江戸時代になり、第三代将軍徳川家光からの二万両の寄進で、観音堂の大改修工事が行われ、一六五〇（慶安三）年、現在の観音堂が完成します。それまでの観音堂は豊臣家の援助だったので徳川家が好ましく思わなかったために修理をしたといわれています。

この観音堂大改築に際しまして、お堂の周辺の環境が大きく変わりました。実はそれまでの観音堂の周りには、信者さんのお世話をしつつ宿泊場所を提供し、案内役、世話役をもっぱら勤めていた七つの寺院（不動堂、独閻魔堂、一切経堂、大閻魔堂、大黒所、地蔵堂、大師堂）がありました。学僧ではなく信者さんのお世話を得意とする僧侶、半僧半俗の人々です。さらにその西にはやはり信者のお世話をする本願院というお寺もありました。これらの七カ寺等は観音堂のお勤めや法事を行い、観音さまの開帳や閉帳の際には出仕しました。

ところが新観音堂完成とともに、境内の諸堂のあり方にも大きな変化がおきました。新観音堂の回りに宿泊をするお堂があっては火災の危険があるということで、長谷寺当局は、先に述べた七つの寺院をすべて仁王門の外、つまり桜馬場に移転させました。これは半僧半俗の僧侶たちの観音堂支配を打破する目論見だったにちがいありません。

こうして七カ寺は桜馬場に移転したわけです。その結果、桜馬場はいままで以上に多く参拝客が宿泊し、土産物などを扱う小規模商店が何軒もでき、一大繁華街のようになりました。七カ寺は宿泊だけでなく、長谷寺本尊のお札を売るというようなことを行い、その売買権利をめぐり寺同士、あるいは寺と本願院が権利を奪い合い、長谷寺当局の手に負えなくなり、奈良の南都奉行に訴えるというようなことが何度もありました。さらにこうした大寺院の参拝地によくみられるように、酒の接待はもちろん、見世物小屋、芝居小屋もたち、賭博が裏で行われたり、婦女子が置かれたりするというようなことまで起きたようです。喧噪と猥雑さも入り交じった盛り場的空間になっていったと言えましょう。しかしながら、時代を経るに従い、天正年間（一五七三〜一五九二）頃に比べれば、長谷寺全体のコントロールを「大仲」と呼ばれる六寺院が一層果たすようになったようですが、観音霊場の賑やかさ、猥雑さといった歓楽街的雰囲気は多少とも最後まで残ったのでした。

このことで最も困ったのは、一千人からの修学僧を預かっていた勧学院の学僧たちです。日々の厳しい勉学と修行の生活と、桜馬場の賑わいとはまったく正反対のものでありましたし、特に勧学院の若い修学僧にとって桜馬場の賑わいは誘惑にかられるものであったはずです。当初は修学僧の歓楽街出入りを全て禁止としたようですが、かえって弊害が出たのでしょうか、芝居小屋のかかるときは一カ月に四日間は山内の講義は行わず、芝居見物にいくことを認めるということにしたようです。櫛田良洪博士はこの処置を大英断とし「従来の禁制一本槍の態度を振り捨て、極めて進取的な態度をもって公然とこれを認めたごときは実に痛快である」と讃歎しています。いずれにせよ、さまざまな修行僧がいたはずですから、なかには勧学院指導者陣を悩ます者がいたに違いないと思います。実際、「長谷寺所化十三名不行跡・博奕《ばくち》の罪により、六名は晴行に服し七人は逼塞《ひっそく》を命ぜられる」といった情報が今に伝えられています（『改訂増補　豊山年表』真言宗豊山派宗務所、一九八四年、一九六頁）。

私の若い頃の経験を一つ記してみましょう。僧侶養成の使命を持つ大正大学には、僧侶の実践的体験をさせる講座があります。私の頃は「実践仏教」という名称でした。その頃は五〜六日ぐらいの予定で長谷寺へ行き、毎日、読経の方法や法会の仕組みを習得する集中講座です。そこで私が不思議に思ったのは、いつも第一日目の昼頃に長谷寺集合、そして解散は、最終日の朝十時頃だったことです。特に解散が朝というのはどうしてだろう、せめて午後か夕方まで行って解散すれば良いのにと思い、どなたかに聞いたところ、実はお寺を出てすぐの門前町が怪しげな通りで、下手に薄暗くなってから若い者が通ると誘惑に負けるといけないからと、教師陣が配慮して朝解散にしているのだという説明でした。私が本山に研修にいったのは昭和四十年前後ですから、世の中も大分進歩したあとなのですが、大人は心配したのです。いまでもこの昼集合、朝解散は踏襲されています。物知りによれば、昔はこの門前町で身を持ち崩してしまった若い修行僧もいたそうだ、と語ってくれたものです。高校を終えたばかりの青二才に、総本山という環境はそういう面も持っていたのだと知ったのです。長谷寺の長い歴史の中の、今ひとつの多面性の現れと言えるでしょう。

十四、長谷寺の盆踊り

一　学山あげてのお祭り

先に記したように、江戸時代の長谷寺は自他ともに認める学山でした。勉学一筋の環境は、いわば勉強好きにはこの上ない環境ですが、一千人、一千二百人すべての修行僧がそうであったかどうかは疑問です。

当時の長谷寺は全体としては極めて勉学に熱い情熱を傾けていた世界であることが感じられます。こうした状態は勉強好きの方にとっては好ましいことでありましょうが、覚悟の上とはいえ一千人を超える所化たちが休みもなく、座学に儀礼実践にいそしんでいたということは、常識からいってあり得ないと私は思うのです。秀才もいたでしょうが鈍才もいたでしょう、ひょうきんなやつもいたでしょうがくそ真面目もいたに違いありません。そうした、現代の学校に見られるような多様な所化像を知りたいものだと思っていました。

そうした視点から、先輩たちの研究を読んでいましたら、真言宗豊山派初期（明治、大正、昭和期）の学僧で田中海応大僧正の『長谷寺』（明治四十五年刊）に「初瀬の盆踊り」という一文があることを知りました。田中大僧正は近代豊山派を代表する学僧で、伝統的な仏教学を継承された方です。田中大僧正の文章はやや難しいので、以下において、それを現代文風に直して紹介してみましょう。これは私の意訳と考えていただきたいと思います。この文章のポイントは二つあるように思います。極めて貴重な報告であるということが一点、そして田中大僧正自身がこの初瀬の盆踊りを愉快な出来事だったと思っているという点です。

総本山長谷寺は難解な仏教哲学の研究拠点ということはよく知られているところであるが、実は今ひとつ大変愉快な話がある。それは初瀬踊りである。その発祥はいつの頃か分からないが、長谷寺の僧侶はみな、旧暦の盆十五日夜より十七日夜まで、毎夜、桜馬場（長谷寺仁王門下の広場）に集まり、大踊りを行うのである。これを初瀬踊りという。豊山派の僧侶たちは、長谷寺で学んで、学問はともあれ、この踊りと初瀬音頭という歌はみんな覚えたものである。盆の十五日夜より三日間は、一年中、学問に繋がれている修学僧たちが、格別の許しを得て、また山内のすべての人々、老若男女を問わず誰でも出かけて踊りに行っても、格別の咎《とが》めはないのである。

この踊りを行うのは基本的には僧侶の二グループある。一番目のグループは本踊り連といい、若い学生たちが団体を組む。その年の五月ごろから、大丁踊り、小丁踊り、馬鹿踊り、神田ばやしの師匠を頼んで、毎夜、近隣の建物をあちこち借用して秘密裏に練習を積み重ねる。のちに能化さんに就任された高僧も、能化になられた後はすこぶる真面目な態度で日々接せられておられるが、若かりし頃、この踊りを行うことで謹慎一週間を申し付けられたなどという話も残っている。大の洒落者だった某大僧正も在山のころは盆踊りの御師匠様にて親分だった。

二番目のグループは、本踊り連以外の、やはり若手の所化から構成されるグループで、大々的に踊りを展開する者である。この踊り手たちを弥次馬連と呼んでいる。

一番グループは、盆の十三日頃から密かに山内を抜け出て、町に宿を借りて、準備に

弥次馬

集中する。いよいよ十五日の夕方ころより櫓《やぐら》を飾り立て、その上に高く田楽燈籠を掲げ、その四方に「喧嘩太平、山内安穏、皆大歓喜、踊躍奉行」と朱色の字で書き、一同揃いの浴衣を着て、太鼓、小鼓、握り鐘、横笛を囃子でもって、馬鹿踊りを踊りながら、町内を数回にわたって往き来する。他方、第二グループの弥次馬連は一同揃いの白地の浴衣を着ている。その浴衣は平素、僧が身につける木綿の白衣に青紙や花を急きょ貼り付けたりしたものである。昼間なら化けの皮が現れるのであるが、夜分なので本物に見えたりするのも笑い草である。見物の人も「まあ、よく揃っていやはる」などと云う声も聞こえる。しばらく経って、弥次馬連は旧初学林の前の空地に集まり打合せを行って、その仲間から年長者をリーダー役に二名選び、拍子木で号令をしながら列を進める。櫓が町内を往来する間は、かれらは櫓の前、後になりながら警護していく。

夜の十時頃になると、桜馬場の中央に櫓を据えて、歌のうまい者が櫓の上に登る。弥次馬連は皆、右手には弥次馬と朱字が書かれた弓張提灯を持ち、右手には白扇をもって、白地の手拭いを上り鉢巻きとなし、浴衣の裾をたくし上げ、櫓を十重、九重に取り巻き、踊躍する。それらの衣装や提灯がお揃いなので、美事な風景である。寺の長老、市中近隣の老幼男女たちも、種々に仮装して交わり踊る。その光景は盛大で、天地を感動し鬼神を微笑ませる如くで、長谷山頭の千古の月も雲をも払って破顔微笑するに違いない。

そこで歌われる歌の文句に、「それ　長谷のョ観音さんに振り袖着せてーよー（こりゃこりゃ）奈良の大仏を婿にとる」、弥次馬連の踊る人は、「ソレ、ヤートセー、ヤートセー」と囃して踊り巡るなり。「長谷は照る照る、黒崎や曇る、中の出雲は雨が降る」等の歌はすこぶる多く歌われる。しかし、されども猥せつなもの一つもなし。

以上の三夜踊り踊り踊り尽くして十八日に至れば夢が覚めたようになり、二十二日からまた秋の講義の用意をすることになる。盆踊りの盛況は大変なもので、文章下手にはとてもその全容を描写できるものではない。要するにこの踊りは学生として一年間のうちの大慰安日であり、その時の学生たちの心を思い出してみると感涙ものである。

二　盆踊りを評価する学僧

この文章をお書きになった田中海応大僧正は一八七八（明治十一）年生まれです。だからこの盆踊りを自ら見物したり参加したりしたのではないかもしれません。田中大僧正は、この盆踊りに参加したことのある先輩からの楽しかった話を聞かされ、共感したのかもしれません。

私はこの盆踊りの「馬鹿騒ぎ」に大変興味を持ったので、色々文献を探しているのですが、この盆踊りに触れた文はこの田中大僧正の小文以外に一つあるだけでした。一九二九（昭和四）年長谷寺が発行した「はつせ」という月刊誌の八月号に小文があるだけです。田中師のものと比べてみると、大筋は同じですが違いもいくつかあります。この小文によれば、僧俗揃ってこの盆踊りには参加したこと、このお盆時期だけでなく山内のおめでたい行事の終わりには、必ずこの踊りを行ったといっています。この「はつせ」論文には踊りの風景を写した写真一葉も掲載されているのであり、昭和初期までは行われていたということなのでしょうか。すでにその頃には勧学院もなく、長谷寺での学僧教育も規模が縮小されて久しかったので、あるいは町の盆踊り行事として行われていたのでしょうか。

田中大僧正は、賑やかではありますが整然と盆踊りが挙行されたような記述をなされております。例えば、飲酒などは行われたとは記されていないのですが、祭りですから酒の振る舞いはあったにちがいありません（ちなみに行事には山内で酒が振る舞われていたようです。たとえば、年中行事化されていた書庫の虫干しでは、酒、肴が用意されていました。そのメニューがいまに伝えられています）。そして、このような「遊び」につきものの社会規範の逸脱もあったと思います。現に『改訂増補　豊山年表』の一八二九（文政十二）年六月十四日の項（一九八頁）にはつぎのような記述があります。「長谷寺にて盆踊り流行し、これにより弊害頻出するによって小池坊実掌禁止の旨をふれる」とあります。盆踊りに過度の逸脱が起きたので、能化さんが盆踊りを禁止したのです。いわば「祭りの世界」「非日常世界」の暴走です。このような暴走、逸脱は組織そのものを脅かすことになりかねないので、それを現出した「遊び」世界は、しばしば抑制されるわけです。非日常の「遊び」世界には、社会規範との衝突はしばしば起こることなのです。

この日常生活と遊びの関係については、「十九、長谷寺における非日常と日常」で詳しく述べたいと思います。

十五、ただおし

一　大和に春を呼ぶ「だだおし」

長谷寺では数多くの行事や催し物が一年中行われています。長谷寺のホームページから拾ってみるとつぎのような行事が主なものです。

一月一日……………本尊開帳法要
一月一日〜七日………仁王会・修正会
一月八日〜十日………仏名会
二月八日〜十四日……修二会
十四日…………だだおし（修二会結願）

三月十四日…………遺経会
　　十五日…………常楽会
　　二十一日…………弘法大師正御影供
　　　下旬…………彼岸会
四月八日…………釈尊灌仏会
六月十五日…………弘法大師誕生会
　　十七日…………興教大師誕生会
九月　下旬…………彼岸会
十二月八日…………釈尊成道会
　　十一日〜十二日…興教大師不断陀羅尼会
　　三十一日…………本堂閉帳法要・観音万燈会

これら以外に僧侶たち自身の質的向上を目指す修行的行事が毎年一定期間に開かれます。どの宗派でも同様だと思いますが、本山は一年中なかなか忙しいものです。

この行事群のなかで、際立った特徴をもつものが「だだおし」です。「陀々おし」とも「ただ押し」とも書きます。毎年二月十四日に行われます。この不思議な名前をもつ行事について、長谷寺の説明と私の調べた資料を合わせるとおおよそ次のようになります。

東大寺のお水取りの「おたいまつ」と長谷寺の「だだおし」は奈良の二大火祭です。「だだ」とは閻魔大王の持ち物で、生前の行為を審判し懲罰を加える人頭杖のことであるとする説や、疫病神を駆逐する「儺押《だお》し」から来たとする説や、「閻浮《えんぶ》檀《だ》金《ごん》宝印《ほういん》」あるいは「檀拏《だんだ》印《いん》」を人々の額に押す「檀拏押し」から来たという説、「だだ……」と鬼を追い出すところから由来したという説等、諸説があって定かではありません。

長谷寺では人々の犯した罪を懺悔して、新年を迎える正月一日から七日まで修正会《しゅしょうえ》と呼ぶ法会を行い、つづいて二月八日から十四日まで修二会《しゅにえ》と呼ぶ法会を行い、その修正会・修二会を通して僧侶が走りながら回る「行道《ぎょうどう》」をして、悔過作法《けかさほう》をしています。わざと音を出してドタドタ走り、手には楉（すわえの若枝）を持って〝キャ字〟という梵字を中空に書きながら音をたてながら走ります。その法要の結願《けちがん》(最後の締め)が「だだおし」です。千年前から伝わる追儺会《ついなえ》法要です。

大暴れする鬼

さらに、その日には、長谷寺開山徳道上人がかつて一時冥土に行ったときに授かったという、「如意《によい》宝珠《ほうしゅ》、閻浮檀金宝珠など七種秘宝」が本尊さままえに供えられ、その宝印を本尊さまと両脇侍の像に押し捧げられます。ついで同じ事が大導師、一山僧侶、堂内外の信者や参拝者にも宝印の功徳が授けられます。

そのあとに鐘、太鼓が乱打され、さらに赤鬼、青鬼、緑鬼の鬼三匹が観音堂内に乱入してきます。壮観であるし一時騒乱状態なります。迫力があります。すると、僧侶たちの楉(すわえ＝若枝)にはさんだ牛王札の法力で鬼たちを堂外に追い出し、追われた鬼は大松明を担ぎ、本堂の周りを練り歩き、その松明の大きな炎によって、興奮状態は一層高まります。そのうち、鬼たちはいずことも無く退散し、大騒ぎのだだおしは、僧侶の退堂とともに終焉となります。

鬼が出てくるシーンがハイライトです。太鼓が乱打されるなかを鬼が大声を出しながら、堂内から外廊下をかけまわるときには参拝客も大騒ぎをして最高潮です。その騒ぎ振りを文字で上手に伝えることは大変難しいです。しかしその大迫力振りを、現在では動画で手軽にコンピュータ上でみることができるので、是非ご覧下さい。長谷寺の公式ユーチューブチャンネル（http://youtube.com@NaraHasedera）に時系列的によくまとめられた映像があります。

以上の、文字によるだだおし行事説明が仮にうまく読者の皆さんに伝わったとしても（あまり自信がないのですが）、それにしても、話の筋に矛盾があると感ずるかたもいらっしゃるのではないかと思います。

私が思う一番の不思議は、懺悔とか悔過《けか》という内面的自省を窺わせる名称の儀式が、なぜ最後は鬼の大暴れというような喧騒のもとに幕をとじるのでしょうか。

堂内を走りまわる僧侶

日本中で今でも悔過法要は九州から東北地方まで九十カ寺ほどで行われていると研究者は言います。地域的特色もあるようですが、この悔過法要には、いくつかの共通する特徴があるようです。乱声《らんじょう》といって僧侶が小走りに走り大きな音を出したり、床や壁を大きな音をたてながら叩くこと、点火された大松明がお堂のなかを駆け巡ること、太鼓などの打楽器が乱打され儀式の雰囲気が高揚すること、追儺式と関連している場合が多く、その場合、鬼が大暴れすることなどです。

とにかく賑やかなのです。先ほど悔過とは懺悔であると述べました。懺悔は、常識的に近現代的意味からみれば、静寂さ、閑静さのもとで行われる、人間個々人の内省的営みではないでしょうか。だだおしはまさにその正反対です。

ところで奈良の他の歴史的寺々でも同じようなことが行われるのです。薬師寺の花会式と呼ばれる悔過法要でも同様の喧騒が生じるのです。

お坊さんが大きな声で読経する、法螺《ほら》貝、太鼓、鐘がなるといった大騒ぎが法要の中で起こるのです。そしてそれが儀式のハイライトの重要な部分を占めるのです。その花会式を参拝したある中学生が「花会式　坊主わいわい　鐘がなる」という俳句を感想文に書いたそうです（楠淳證『修二会　お水取りと花会式』法蔵館、二〇二〇年）。長谷寺のだだおしの雰囲気もまさに右の俳句がぴったりです。

ではこうした興奮をよぶ懺悔の法要を理解するためにもう少しこの悔過法要のことを探ってみましょう。

二　僧侶は走る、鬼はあばれる

悔過法要という法会は日本では大変古い歴史を持っています。飛鳥時代の記録に見えるのです。そして現在でも、近畿地方を中心にいくつもの寺で行われています。すべてが飛鳥時代に始まったというわけではなく、行事の方法も時代や地方とともに変遷していますが、長い歴史を持った行事です。近畿地方の大きな寺々の悔過法要が有名ですが、東北地方でも九州のお寺でも行われています。一千三百年以上続いているお寺もあるようです。それほど長続きしている年中行事はさすがにそれほど多くはありません。私どものお寺の行事でも、せいぜい五百年ぐらいの歴史があるだろうかというくらいです。

さきほども記したように、悔過という宗教的行為は、懺悔ということです。懺悔は多くの宗教で大切な宗教的営みとなっています。それは静寂さや静粛さといった雰囲気が優先すると考えることができるのではないでしょうか。

しかし、この悔過法要は、ドタドタと走りまくるという騒々しさがつきものです。さらに最後には鳴り物が鳴り続け、おどろおどろしい雰囲気を醸し出しながら鬼が大暴れする、参拝客は興奮のるつぼに浸りながら、儀式が終了するという具合で、内省とか静寂とは真反対な雰囲気の法会なのです。

悔過という名称を頂く法要が、どうしてこのような特徴をもっているのでしょうか。奈良の名刹でも、法隆寺、薬師寺、新薬師寺など著名な寺院で、悔過法要が行われ、僧侶の駆け足、鬼の出現などがありますが、各寺で多少の違いもあるようです。乱声とは具体的にどのようなアクションを指すのかというと、お能などの伝統的芸能に使われているもののようです。専門家はつぎのように説明しています。

「能では、鬼・竜・神・畜類の役の多くは［早笛］で登場する……軽やかな囃子事である。……鬼神や物の精など超自然界の役が登場する場面だけに太鼓が加わる。……登場の際、超自然界の役柄を音と動きでアピールする演出が行われていたのである。……春迎えの寺院行事、修正会で太鼓や鐘、ほら貝を鳴らし、牛王杖で堂内外のそこかしこを叩いて大音声をあげる行為を「乱声《らんじょう》」と呼ぶこともある。……これらの作法は、「大音響をたてることによって除災の効果を高める」とか、「大音（声）を挙げて諸神を驚覚させ、その威力の発動を促す呪的作法」と解釈されている。……乱声はこのほかにも多くの事例があるが、いずれも悔過作法の終結部に位置し、神威の発動をイメージとして促し、悔過の効果を高める機能を果たしている。……神霊を呼び起こし、天地を清めるのが乱声の役目であった。……乱声を奏する場合には同じく天地を清める意図が認められる」（高桑いづみ「「乱声」系譜―雅楽・修正会から鬼狂言へ―」『芸能の科学』二四所収、一九九六年）

つまり乱声とは、神霊を呼び起こし招き、そのことで天地を浄めるという、大変な役割を担っている動作なのです。さらにこの研究者によれば、この種の行事はヨーロッパ各地でも報告されており、騒音儀礼（！）とよぶ学者もいるとのことです。その秘密は鬼の登場にあります。鬼とは日本人にとって架空のものですが、恐ろしい形相をしてはいますが、なんとなく身近な存在でもありそうです。鬼は人間にとって怖いものですが、しかし「怖いもの見たさ」という表現があるように、ある意味で人間を惹きつける存在でもあるように思います。さきの乱声の説明にあるように、鬼という異界の半神半人間のような存在を呼び起こし、この世に招き、なんらかのパワーを得たいという人間の欲望を、鬼の出現は示しているのではないかと私は思います。乱声という大きな音はそのパワーの象徴だと思います。「パワー」を求める原初的希求を「だだおし」に感ずるのは私だけでなく、広く多くの方々に共通するものと私は見て取りたいのです。

乱声のなか、大騒ぎして追いかけ回される鬼たちに人間の根源から出る原初的欲求やエネルギーを私は感ずるのです。これは教義や儀礼が整備された仏教や真言宗の教えで完璧な解釈ができるような代物ではなく、人間の原初的欲求の表れだと私は思います。

現在のだだおしの姿は、江戸時代中期ぐらいまでしか資料的に遡れないようですが、その起源はもっともっと古く、もしかしたら、長谷寺創建よりもさらに古い太古まで遡れるものではないかと予測しています。

「原初的希求ではないか」という、この私の解釈が的を射ているとしたならば、そうした太古的な人間表現が残っている現代の長谷寺は、「多様性の極地」であり、そのことが長谷寺の強い魅力であると私は思うのです。つまり古代の原宗教的儀礼から現代の真言宗豊山派の総本山としての諸行事まで、驚くほどの多様な宗教的要素を、いまも同時併存的に持っているという意味において、長谷寺は「多様性の極地」と表現できる聖地ではないでしょうか。そこに長谷寺の尽きない魅力があると思うわけです。正直のところ、「だだおし」

はたいへん複雑な側面を持っている儀式です。圧倒的な音、光、動きに魅了され、飲み込まれながら、その雰囲気は、現代のロックコンサートにも通ずるとふと思いました。それを文字で適切に伝えることは容易ではないと痛感します。

十六、長谷寺と牡丹

一　植栽のはじまり

近代、現代を通じて、長谷寺を観光地として世間にその名をとどろかせているものは、牡丹の名所であることには間違いありません。明治以降百年以上の時間が経過しており、そのなかで長谷寺と牡丹の関わりも変遷をとげてきていますが、しかし、その変遷の根底には、中世以来の民衆寺院であった長谷寺の伝統が根づいているようにも見え隠れするのです。ここではそうした視点を意識しながら、長谷寺と牡丹について考えてみます。

長谷寺の牡丹《ぼたん》はつとに有名であり、一説には唐の僖《き》宗皇帝の妃、馬頭夫人《めずぶにん》が献上したものといわれています。馬頭夫人が遠く海を越えて長谷寺十一面観世音さまに願いをこめて祈願したところ、その願いが叶い、御礼として十種の宝物に牡丹をそえて献上したという話に起因するという伝説があります。この話は『長谷寺験記』に載っている話ですが、そこには牡丹の献上のことは触れられていません。

馬頭夫人と牡丹の話はいつの頃からか起こった後世の伝聞のようです。江戸時代に長谷寺を訪ねた松尾芭蕉（一六四四～一六九四）や井原西鶴（一六四二～一六九三）も、長谷寺の牡丹には言及していないとされています。江戸中期の一七〇〇（元禄十三）年に長谷寺に牡丹が植栽されたという説もあり、俳人与謝蕪村（一七一六～一七八四）には長谷寺の牡丹を詠んだ句があります。桜が好きだった本居宣長《もとおりのりなが》（一七三〇～一八〇一）は七度吉野へ桜見物にいったといわれており、自宅のあった三重県松坂から必ず長谷寺に寄って吉野へいっており、長谷寺の桜の素晴らしさを讃嘆していますが、その本居宣長も長谷寺の牡丹に特に言及していないようです。その頃の長谷寺の桜は山桜だったでしょうか。幕末の嘉永年間（一八四八～一八五四）には長谷寺の牡丹のことが触れられているようですので、江戸期に牡丹は長谷寺になかったということではないのですが、近代のように長谷寺といえば牡丹とまで評判を上げていたことはなかったようです。

牡丹

二　牡丹でねらった参詣者誘致

時代は下って明治期に入りますと一八九三（明治二十六）年発行の旅行記には桜と並んで「牡丹花多く園内に開く」と触れられており、また別の書物には「又回廊の畔《ほと》りに培養する牡丹は近年此の地の奇観となり、遠く来って愛賞する者はなはだ多く（中略）（しかし）先の年の火災に際しはなはだ衰頽《すいたい》を致したりと聞く」とも述べられています。すでに明治期前半には長谷寺の牡丹は多くの見物人を集めていたということだと思います。「火災に弱い牡丹」というのは、一八八二（明治十五）年の仁王門、下登廊、中登廊を焼失した火災のときのことです。登廊両脇に植えられていた牡丹は火災に極めて弱く、この火災で大きな被害を受けたようですが、しかしそれも明治期後半になると以前のような牡丹園の姿を取り戻し、ふたたび多くの観光客を惹きつけるようになったのです。

「いつ頃から長谷寺の牡丹が名物になったのか」という点では、盛んになるのは明治時代に入ってからで、その背景には、観光客の招致を狙った、長谷寺、地元商店街、地元実業家らのグループによる意図的計画があったようです。一九一一（明治四十四）年には大講堂が全焼するという大火災に遭遇します。その再建資金集めということも牡丹観光売り出しの一因だったのかもしれません。

三　鉄道の開通

そういう意図のもと、一九一一（明治四十四）年の軽便鉄道の開通や牡丹園の夜間照明など次々と新しいアイデアが実行されていきました。その結果、つぎのような賞賛がよせられています。

牡丹花の隧道　山門から本堂に達するこの登廊百余間の左右の高低ある地を画して、世に名高い牡丹園が設けられてある。其の種類の多いことや幹株の古き大きなことは到底他に匹敵する牡丹園はあるまい。元来近畿は牡丹の名所として（いくつもの箇所が）知られて居るが、是れとても長谷寺には遠く及ばない。試みに歩廊の端から上を見仰げる艶色滴《したた》る許《ばか》りの花が層々累々として綾なる美しさ。それに花時は夜間所々に電灯を点じて更に美観を増さしむるのである。

（森永規六『趣味の名所案内』大正六年。小川功『観光デザインとコミュニティデザイン』日本経済評論社、二〇一四年、八二頁に引用）

昭和期に入り長谷寺への交通アクセスとして、あらたに近鉄が大阪、大和八木経由でこの地域に延びて「長谷寺」駅ができ、その線は伊勢にまで繋がることになりました。「長谷寺」駅は軌道鉄道の「初瀬」駅よりお寺には遠かったのですが、軌道鉄道の経営が何度も変わったり経営体制がしっかりしなかったこともあり、昭和十年代に軌道鉄道は廃止され、鉄道としては近鉄線の「長谷寺」のみとなりました。当時ですら、「長谷寺」駅のみになったとき、軌道の「初瀬」よりもお寺に遠いという不便さを漏らす人が地元にも少なくなかったようです。現在でも長谷寺への参拝客増加には、「長谷寺」駅とのアクセスを改善すべきという意見はよく聞こえてきます。しかし世界の聖地をみると、交通の便が良くて有力聖地となった例は少なく、ハードな道のりを進んでこそ聖地があるという例が多いのです。人気の聖地となった結果として交通アクセスがよくなったという例の方が多いのではないでしょうか。八木駅から伊勢方面への電車経路を考えた場合、土地の高低差の関係から現在の近鉄線の軌道はやむを得なかったという、近鉄線創設当時の事情を聞いたことがあります。私が見たところ、学生たちとか外国人観光客は、「長谷寺」駅からキャリーバッグを引きずりながら、元気に長谷寺まで歩いていくようですので、遠いか近いは肉体の問題のみでなく、意欲の多寡にもあるのかな、と思うこともあります。

四月中旬に「献花祭」という牡丹の切り花を本尊観音さまの仏前に供えるお式が行われますが、それも大正時代に始まったことのようです。現在では門前町から練供養が行われお稚児さん行例もあります。このように明治から大正、昭和と長谷寺の牡丹は近隣を越えて関西一円にその令名をとどろかせることとなり、太平洋戦争の前後の一時低調を除いて、戦後も長谷寺の一番の名物は牡丹ということで大いに評判を得たのです。桜井市出身の文芸評論家保田《やすだ》與重郎《よじゅうろう》は「初瀬の門前町の街道筋の店々は、一年のくらしを、牡丹の花時ですませたものだった」と言っています。地元の出身者の文筆家の筆なので確かなことだと思います。

こうして長谷寺の名物は次第に桜から牡丹へと移っていくほどになったようです。奈良のご婦人が「長谷寺には桜もあるのですか。私は牡丹ばかりだと思ってました」という話をするのを聞き、びっくりしたり嬉しくなったりしたという話が長谷寺から出ている昭和期の雑誌に掲載されています。

牡丹も当初は花弁が一重の在来種（原産は中国か）であったのですが、その後、一層色鮮やかな、花弁が幾重にも重なった複弁の西洋種を植え込むようになり、それが主流となっていったようです。明治期、昭憲皇太后など皇族が牡丹園を見物に来訪するということもあり、長谷寺の牡丹はますます世に知られていったのでした。

四　戦後のにぎわい—光と影

そして戦後を迎え、長谷寺の牡丹の名声は戦前同様に世間に行き渡ったのでした。たくさんの随筆家や作家が長谷寺の牡丹を賞賛しています。そのうちの何人かの描写を紹介してみましょう。

登廊の両側はびっしりと牡丹。この牡丹は元禄のころから植えこまれたものらしく、いまは長谷を牡丹寺としているる名花だ。私は数年前の春、このいちめんの牡丹が満開のときに来合わせ

牡丹

たことがある。

臙脂《えんじ》、純白、淡紅……桜いろとでもいいたいような、溶けいるばかりやわらかな色もあったし、まさに、牡丹いろとより、言いようのない鮮かな色もあった。小児の顔ほどもある大輪の花々は、じつに華麗に咲き誇っていた。

（岡部伊都子『花の寺』淡交社、一九六三年。『長谷寺文献資料』総本山長谷寺、一九七五年、四四七頁）


長谷寺の門前町はいつ来てもなつかしい。（中略）三千株という牡丹の花さかりに私はめぐりあったことがあるが、その時の感動は忘れられない。ふりそそぐ五月の陽光が、三千株の満開の牡丹のいっせいに吐く息に染められ、虹色のかげろうをゆらめかせていた。花の海に浮かんだ花よりおびただしい人々の数も、牡丹の色と匂いに酔って染まり、足もとまで花の海に漂っているようなおぼつかない足どりであった。

（瀬戸内晴美『文藝春秋』誌の臨時増刊「目でみる日本史」に掲載、一九六二年。『長谷寺

文献資料』総本山長谷寺、一九七五年、四四〇頁）

ともに長谷寺の牡丹を限りなく賞嘆していますが、満開の牡丹期はそれだけではなかったようです。吉井勇の『長谷寺詣』という小説にはつぎのような一文があります。

何しろ丁度その時は、牡丹の花の真っ盛りだったので、山門から長い廻廊の石段を登って本堂に往くまで、京都や大阪から見物にやって来た人達で一杯だったばかりか、それを当て込んで出かけて来た露天商人や流しの芸人などがそれに交っているので、薬の効能を述べ立てる声やアコーデオンに合わせて何やらブギウギをうたう声が、そこら一面騒がしく、境内の空気を掻き乱してしまって……。

（吉井勇『長谷寺詣』一九五〇年発表。『長谷寺文献資料』総本山長谷寺、一九七五年、三四六頁）

けれど、私には、予想してたのしんでいたような感動が起らなかった。

それは、あまりに人出が多くて、そして、花と花との間にはどこにも人が坐りこんで酒盛りやお弁当をひらいているので、おちおち花にのみ、逢っているわけにはゆかなかったからだろう。それに、水中花や綿菓子の屋台がでているのはよいが、うるわしい花の間で、ねずみとりを売っているのに、皮肉な思いをさせられた。

（岡部伊都子、先の引用文に続く文章）

つまり、いわゆる桜の花見と同じ状態が生み出されているのです。岡部さん、吉井さんならずとも、落ち込む気持ちはわかるように思います。日本の花見は世界において他に見られない花の鑑賞方法だといわれています。日本の花見（桜）とは群集（大勢の見物人）、群桜（沢山の桜の木）、飲食の三点がかならずセットになっているという話を聞いたことがあります。たとえばアメリカのワシントンの桜並木は大変有名で多くの観桜客が出るように伝えられていますが、飲食は決してなされません（ワシントンでは戸外で酒を含む行為は禁止されています）。植栽のなかに入って飲酒をして騒ぐというようなことは決してありません。

ただし酒宴の様子は、「十三、長谷寺門前の狂騒」（166頁以下参照）で紹介した、中世末から近世初頭にかけての桜馬場の様子を少しばかり彷彿とさせる面もみることができるようです。そういう点からいえば、保田與重郎の指摘によれば、牡丹期には接待をする一種の女性季節労働者が出現したということですから、牡丹期の長谷は伝統的な盛り場的雰囲気を醸し出していたともいえるかもしれません。いわば〝長谷寺伝統〟の非日常、盛り場的雰囲気です。先に述べた「桜馬場の狂騒」的世界の片鱗が、この時代にも残影として繋がっているのではないかと私は考えるところです。もちろん長谷寺当局もこの「狂騒」的雰囲気には苦慮し、こうした商売人を仕切る元締めみたいな存在と話し合ったようです。飲食をする人々の残していくゴミの量も半端ではなく毎日その処理に追われていたと、今に伝えられています。

現在の長谷寺では、このような昔ながらの花見的雰囲気の牡丹見物の姿は見られません。そして長谷寺をまねたかどうかはわかりませんが、全国各地の寺院境内や公園などに牡丹園ができ、長谷寺の牡丹でなければという雰囲気が薄れているとも言われます。それでも、いわゆる四月後半から五月中旬までの「牡丹期」の参拝客は、年間の三分の一から四分の一を占めており、いまも長谷寺にとってはもっとも賑わうときが「牡丹期」なのです。

現在の長谷寺の年間参拝客は平常年で約二十二万人と言われていますが、そのうち牡丹期の参拝客総数はコロナ禍以前で約七万人と言われています。

十七、豊山派海外布教拠点の香港居士林

一　日本からさらに東に伝わった仏教

インドに生まれた仏教は西域から中国に拡がり朝鮮半島を通って日本へ伝来しました。東へ東へと伝わったので仏教東漸《とうぜん》と表現します。東へ伝わった仏教は日本でその東への拡がりを終えてしまったのでしょうか。実はもっと東へ行ったのです。ハワイへ行くと日本仏教寺院が沢山あります。アメリカにもブラジルにもあります。日本からの移民とともに東へ渡りました。ハワイや北米の移民も当初は出稼ぎ、つまりいずれは日本へ帰ってくるつもりでした。しかし彼らは次第に定住するようになり、同郷の日本人を呼び寄せて結婚したり家族を呼び寄せたりし、結果的にはアメリカ人として定着しました。

私は実は「ハワイと北米の日系人移民の宗教」という研究グループにかつて属していたことがあり、それぞれ何ヶ月も現地調査を行いました。日系人と宗教というテーマは一時期、私の研究のサブテーマだったので、いささか詳しいのです。

海外へ渡った日系宗教には大きく別けて二種類あります。⑴のタイプは労働者として海外へいった日本人相手の宗教であり、⑵のタイプは非日本人を布教対象とした日系宗教です。後者の方の典型が欧米でインテリを中心に広まった禅宗系仏教（禅センターと呼ばれることが多い）です。ハワイにはお寺が多く神社もありますが、それらは日本人相手の宗教として存在してきた前者のタイプの流れです。ハワイ、北米、南米には豊山派と認められているお寺はありません。

さて前置きが大分長くなりました。豊山派海外布教拠点の香港居士林《ほんこんこじりん》は、実は禅センターと同じ系統の非日系人、非日本人を布教対象にしており、それ自体、海外進出の日本仏教のなかでは非常に稀なケースです。非日系人相手の禅センター、そして日本生まれの新宗教の一部を除いて、非日系人相手の日系宗教は極めてめずらしいタイプなのです。それゆえ香港居士林は豊山派として大いに誇っていい存在といえましょう。では香港居士林の展開の歴史をたどってみましょう。

二　豊山派の南中国開教

香港居士林開教は一九二四（大正十三）年六月に始まります。中国広東省の篤信者王弘願《おうぐがん》居士の要請で、権田雷斧《ごんだらいふ》大僧正（一八四七〜一九三四）が、一九二四（大正十三）年六月に台湾を経て南中国の汕頭《スワトウ》・潮州《テイオチウ》へ渡り、現地の人々に受明灌頂・結縁灌頂を行い、その帰路に香港、台湾によって、そこでも灌頂を行ったことに始まります。今から約百年前のことです。

翌年春、潮州の王弘願《おうこうがん》居士、香港の黎乙眞《れいいつしん》居士、上海の程宅安《ていたくあん》居士、広東の曼殊伽帝《まんじゅぎゃてい》・慧剛《えごう》法師等が日本に来て、根来寺にて、権田雷斧師指導のもと、十八道等の加行《けぎょう》を終え灌頂を受け、雷斧僧正より、豊山派がよって立つところの大伝法院流の法灯を受け継ぐことになりました。これをきっかけに、王弘願居士らは、南中国（戦前は華南と通称されていた）の汕頭、潮州（汕頭の近く）、香港、広東等に「密教重興会《みつきょうじゅうこうかい》」という信者組織を結成しました。

真言密教への関心は高まり、数千人という信者たちが集まり、各地に道場が開設されました。信者はまさに燎原の火の如くに集まり、南中国各地に道場が開設され、多数の会員を擁して活発な活動がなされていました。

しかし一九三七（昭和十二）年よりの戦争（支那事変）のため、同会は解散同様の状態となりました。つまり日本と中華民国とが戦争状態になってしまい、南中国との連絡が絶えてしまったからです。南中国では反日感情も燃え上がり、「密教重興会」の消息も一時杳《よう》として知れないことになりました。しかしその後、「密教重興会」の活動もひっそりではあるが続いていると情報があり、南中国も日本軍が進駐し情勢も安定したとのことなので、一九四一（昭和十六）年に越後支所の戸川憲戒師（一八九六～一九四六）、さらには奈良支所の扇谷重憲師（一九〇四～一九七九）を開教師として南中国に派遣しました。それをうけて、一九四三（昭和十八）年五月、護国寺貫首佐々木教純師以下総勢六名が台湾経由で汕頭、潮州、広東（広州）、香港と二カ月間をかけて巡教しました。この巡教では多くの現地の信者たちが伝法灌頂、受明灌頂、結縁灌頂を受けるという成果をあげたのです。中国のこの地域は華僑のふるさとです。香港、ベトナムもこの華僑繋がりということが、豊山派布教の成功に繋がっているのかなと思うことがありますが、実証性が不足しています。

この巡教の様子については『華南巡錫《かなんじゅんしゃく》』（杉本良智著、護国寺発行、一九四三年刊、二〇〇九年に護国寺より復刻）に詳しく書かれています。内容は海外布教記録として大変貴重なものであり、復刻は非常に意義のあるものです。それにしてもこの巡教は太平洋戦争開始後一年半以上、ミッドウェー海戦での敗北から一年以上経過しており、日本軍の制海権も狭められていたなか、よくぞ南中国まで佐々木貫首らが巡教したものだと、その決断と勇気に驚愕の思いを禁じ得ないのです。事実、船旅中に魚雷情報で一同緊張するという記述が何回も出てきます。

三　戦後の香港居士林

戦後の混乱期には南中国、香港の豊山派の海外拠点も大きな影響を受けました。『華南巡錫』を読んでみると、汕頭、潮州の「密教重興会」が香港よりも豊山派海外布教の中心であるような印象を感じ取ることができますが、戦後の汕頭、潮州の様子については、ほとんど情報が伝わってきません。平成期前半に、同地を訪問した豊山派僧侶たちの私設訪問団が、汕頭で戦前以来の信者さんに出会い、その家庭で信仰が保持されていることを確認しました。しかしその後、その信者さんが死去されたという情報が入り、現状は不明です。

香港居士林ともしばらく音信が途絶えていましたが、その後、現地にて宗教活動を続けていることが解りました。一九六四（昭和三十九）年十二月、「真言宗豊山派香港居士林参拝団」が結成され、百二十名の参拝団が香港居士林を訪れました。その後、ほぼ毎年のように、豊山派管長猊下や宗務総長が香港居士林へ団体を組んで参拝しています。そのうち、香港居士林で毎年開催される釈尊降誕会に参加するのが、毎年のならいとなりました。それに加えてベトナムのサイゴン（現在のホーチミン市）の明月居士林にも管長猊下をはじめ宗派重役が率いる参拝団が訪問するようになりました。ベトナム戦争後は、アメリカのカルフォルニアに移った明月居士林へも随時、豊山派からの正式参拝団が訪問しています。これも香港等が豊山派にとって唯一無二の海外布教拠点と捉えられているからです。

一九七三（昭和四十八）年には総本山長谷寺に香港居士林研修道場が建立され、香港からの参拝者、総本山に来る香港居士林加行実習者の宿泊場所となっております。

その後、一九九七（平成九）年、香港は中国政府の特別行政区となり、次第に中国政府による香港統治への介入や規制が強まってきましたが、コロナ禍が起きるまで、豊山派派遣の香港居士林への参拝は毎年のように続けられています。しかし数年前から香港政府と香港市民との対立が激しくなり、またコロナ禍による海外渡航の困難さも相まって、二〇二〇（令和二）年以降、香港居士林と豊山派との団体としての交流はほぼ途絶えていることは、まことに残念です。

四　熱心な香港林友たち

私も宗務総長在任時代、香港居士林には田代弘興管長猊下のお供で、いずれも四月の仏生会に参加しました。花祭りはお練り供養と祝賀法要であり一日がかりです。それ以外に密教セミナー、得度式、受明灌頂が行われました。密教セミナーでの受講者の林友は約百名でした。テーマは「金剛界曼荼羅について」「胎蔵界曼荼羅について」で、それぞれ丸一日を費やして行われました。

「香港居士林」石井師講義風景

　セミナー講師は法会儀則委員会委員、大正大学講師の石井祐聖師でした。通訳もつくのですが、石井師自身、パワーポイント、オーバーヘッドプロジェクターを駆使し、かつ使用言語は日本語、英語、広東語を交互に用いながら、視覚と聴覚に訴えるプレゼンテーションを行いました。衣と袈裟に身を固めた林友たちは、一心に耳を傾けメモを執りながら、文字通り集中して講座を聴いておりました。初めてセミナーに陪席したときは、その真剣な受講態度が私にとって驚きでありました。そして、講師が行うプレゼン機器を駆使した講演方法もまた私には新鮮でした。とにかく林友の聴講態度の集中度そのものに大いに感銘を受け

「香港居士林得度式」

ました。

二〇一七（平成二十九）年のセミナーは、①「密教と曼荼羅」、②「金剛界念誦次第の解説」でした。宗務所教務部が終了後にとった感想アンケートを紹介してみましょう。

まず「講習会」に関する感想、意見については、①「講習会はとてもよかった。内容が充実していて豊かです」、②「教学が生々しく面白いし、はっきりして気分的に楽に勉強できる」の二つの回答の数が多かったです。そして「今後勉強したい内容は？」については、①「もっとこのようなプログラムを開催して、深い内容を勉強したい」、②「真言宗の教理・儀軌……法器についてもっと知りたい」が圧倒的多数でした。とにかく熱心な聴講態度には感心しました。

そして得度式のときにも感銘を受けたことがあります。男子六名、女子三名の新発意《しんぼっち》でしたが、儀式中にその中の何人もが感激のあまりに涙をこぼしたのには、正直びっくりしました。アメリカの禅センターでの若い白人女性の得度式に同席したことを思い出しました。その白人女性はそれまでなびかせていた長い金髪を剃り落としたとき、やはり感激の涙を流しました。

戦前の南中国での灌頂でも、中国人信者が極めて熱心であることに、『華南巡錫』のなかでも何度も触れられております。中川祐俊猊下（一九一三〜二〇〇五）がベトナム明月居士林にご親化《しんげ》に出かけたときの、現地の信者たちの信仰態度をつぎのように語られております。

「彼等林友が、国籍を超え、言語の壁を超えて、併も生命の危険すらも超えて真言密教にこだわり続ける（変な言葉であるが別に言葉が見付からない）姿を見て、我々僧侶として寧ろはづかしい様な気がしたのは私一人であろうか」（中川祐俊「明月居士林訪問」『豊山長寿会会報』五四頁所収、平成六年八月刊）

中川猊下の言葉には、私ももちろん賛同するし、香港居士林参拝団に同行した人々も同様の思いを持った方は沢山おられるのではないでしょうか。

『華南巡錫』の中でも、佐々木台下の一行の中で現地信者の熱心さが話題になっていることが何度もあります。私は先に居士林メンバーの出自が華僑に多いということを指摘しましたが、それは印象論的な言い方であり、確かな裏付けがあるわけではありません。戦前の華南開教師であった戸川憲戒師を中国に派遣するに際しても、事相が得意な人がいいという選考基準はぼんやりあったようですが、ご本人も述べておられるように、宗教的テーマと言うような抽象的話題を縦横無尽に論ぜられるような中国語堪能ではなかったようです。

この「なぜ南中国の人たちは密教にこのように熱心にアプローチするのか」という問題については、私は日本仏教も南中国も同じように漢字文化圏ということで共通しているということが関係しているのかとも思います。そして漢字に対する造詣の深さという点では、現代においても中国人の方が勝っていると思います。いずれにせよ、この問題は今後の研究に委ねたいと思います。

十八、長谷寺と廊坊《ろうのぼう》家

本稿は、廊坊篤さんと数年にわたり三度のインタビューを行った内容に基づき、他の資料を肉付けして私がまとめたもののものです。内容についてはもちろん星野が責任を負うものです。

（星野英紀　記）

一　長谷寺と廊坊家の深いつながり

廊坊篤さんという方の存在に私が気づいたのは、十数年前だったと思います。確か、何代か前の新管長さんの長谷寺入山式のときです。新猊下入山式は六月に行われます。多くの来賓やお客様を招いて行われる十一月の晋山式、就任祝賀会と比べると、六月の入山式は規模の小さいものです。本坊で行われ、法類と親戚、猊下ご自坊の総代世話人さん、内局などざっと数えて百二十~百三十人の出席者というところでしょうか。

当たり前のことですが、そこに出席する人は僧侶が大半です。ところが僧侶の有力者が居ならぶなかに、スーツを着た、どちらかといえば小柄な、身のこなしが軽やかそうな、初老の一人の男性が最上席部分のところに着座しているのが目に付きました。

隣の出席者に小声で「あのスーツの人は誰？」と聞いたところ、「廊坊篤さん」と教えてくれました。法要が終わった直後に、二、三人の方が指名を受けて歓迎挨拶をしたのですが、さらにビックリしたのは、そのスーツの廊坊さんが指名を受けて歓迎の辞を述べたのです。「あの人はどんな身分なの？」と隣席に聞くと「下の町の郵便局長さん」と教えてくれました。市長さんとかいうのなら分かるけれど、一宗の管長猊下の入山式に「わざわざ郵便局長さんが祝辞の指名を受けるとは、どういう関係なのか」と訝しく思いました。その後、色々の方々や廊坊篤さんご本人からお話を聞くようになり、長谷寺と廊坊家との間に、少なくとも鎌倉時代以降から続く大変特殊な親密関係にあることを知りました。そこで廊坊篤さんから、ぜひお話を聞かねばならぬ、おそらく興味深い内容を話してもらえるだろうと、インタビューを行いました。そのお話を骨子とし、その他の資料を利用しながら、総本山と廊坊家との深い長い関係をここに述べてみたいと思います。

伝えによると廊坊家の先祖は藤原房前《ふささき》（六八一～七八七）に始まるといわれます。藤原房前は奈良期以降の日本で権勢を振った藤原北家《ほっけ》の祖であり、伝説では長谷寺を建立したいという徳道上人の願いを全面的にバックアップした人物と伝えられています。しかし廊坊篤さんによれば、廊坊家は武士階級が支配層となった鎌倉時代以降から長谷寺と縁をもつようになったと伝え聞いているとのことです。それゆえ、奈良時代の藤原房前との関係は後付けと考えた方が良いように思いますが、廊坊家がそれほどまでに長谷寺と深い縁を持つということを強調したかったということでしょう。

長谷寺に行きますと、廊坊さんとはしばしばお会いします。総本山とはとても親しい間柄なことがよくわかります。そして色々な事をよくご存じです。実はそのことには理由があるのです。それは専譽僧正が廊坊家に書いた起請文《きしょうもん》に理由があるのです。まずはその文章をここに示して見ましょう。この文章は、色々な研究書に引用されています。ここでは読みやすさを優先し、現代語訳にしてみました。二通あります。

廊坊殿の御身の上について、これまで同様の待遇をいたします。万が一不都合があれば、使いには及ばず、直にお目にかかって相談をいたしましょう。いかようにも御為に取り計らいをし、粗略にすることはありません。もし、偽りを申すのであれば、それは観音さま、天神さま、弘法大師、（春日）明神さまの仏罰・神罰を受けることになりましょう。よって起請文件《くだん》のごとし。

文禄四年（一五九五）八月二十七日　　小池坊　　専誉

廊坊殿の御身の上について、これまで同様の待遇をいたします。今後、いかようにも万事相談していき、粗略に扱うことは決してありません。もし、偽りがあれば、それは観音さま、天神さま、弘法大師、（春日）明神の御罰を受けることになりましょう。よって起請文、件《くだん》のごとし。

文禄四年（一五九五）八月二十七日　　小池坊　　専誉

喜多坊　照海
月輪院　頼長
西蔵院　秀盛
橋本坊　快盛
十輪院　快誉
梅心院　長海

起請文というのは、神仏に誓って約束を守りますという内容の書状のことで、寺社の発行する牛王《ごおう》と称する紙の裏に記すようになりました。熊野の神使である烏《からす》の模様のある用紙が使われるのが普通とされていました。

起請文といえば私がまず思い出すのは、落語の演題「三枚起請」です。ある職人がお女郎に惚れて、年季が明けたら夫婦になるという約束状（起請文）を持っていたのですが、他の男二人にも同じ起請文を出していることがわかり、三人が図ってお女郎に迫るのですが、彼女もなかなかしたたかで男たちと丁々発止とやり合う話です。

さて、先の文書にもどりましょう。専譽僧正が出したこの文書も熊野の八咫烏《やたがらす》模様の用紙の裏に書かれており、その面には十一面観音のお姿が描かれています。

内容は現代語訳を読んでいただければわかるように、長谷寺は、廊坊家が長谷寺において果たしてきた立場をいままでと変わることなく尊重し実行して参りますと、専譽僧正が約束するという文意です。

なぜ、このような約束文を廊坊家に出したのでしょうか。つぎにその背景について簡潔に説明してみたいと思います。

ちなみに、廊坊家に古文書が多数残されています。一九九六（平成八）年にマイクロフィルム化されて、長谷寺と廊坊家に一セットずつ保管されています。その目録は『廊坊家文書目録』とあり、それによれば、三九六点の古文書があるとされています。多くは専譽僧正入山以降のものですが、長谷寺研究には不可欠な貴重文献です。この文献は、昭和期の初め頃に整理されたもので、まだ学生であった故永島福太郎博士が整理の中心人物の一人として参画していたと廊坊篤氏は語っています。永島博士は中世奈良仏教史で顕著な業績をあげた著名な研究者です。長谷寺には若い頃から関わっておられたということは、廊坊家の文書整理のことからも窺えることです。ご著書の一九六三（昭和三十八）年刊行の『豊山前史』はいまでも長谷寺史研究の貴重な指針となっています。

二　武家でもあり僧侶でもあった廊坊家

さて、話を廊坊家の歴史に戻しましょう。最初に理解したいことは、廊坊家は僧侶でもありまた武士でもあったということです。リアル二刀流です。僧侶の苗字は廊坊姓であり、武士の苗字は藤原姓です。藤原姓は奈良時代の藤原房前の末裔ということを意味しているのでしょう。

平安時代より鎌倉期、室町期と、長谷寺は奈良興福寺の末寺でした。それは専譽僧正が入山して新義真言宗寺院になるまで続きます。興福寺の末寺としては最有力寺院の一つだったのです。有力であった理由は、長谷寺が大勢の信者を有していたという意味で、興福寺にとっても大切な末寺だったのです。興福寺の末寺であった長谷寺には別当という役つまり興福寺が承認した住職がいました。住職ですから長谷寺の宗教的事柄を統括する責任者であり、その下にいくつもの役柄があり、お坊さんたちがそれに従事していたわけです。

しかし現代のお寺でも多少とも共通する面があると思うのですが、宗教的な事柄つまり儀式など法務を司る人だけでは、お寺は立ちゆきません。長谷寺には、大小の伽藍や堂宇が連なっており、その管理、運営あるいは営繕などは大きな仕事です。また数多くの信者たちがお参りに来るため、その人々の日常的な行いを指導し、助言する必要があります。加えて、武士社会になってからは寺院に対する外部からの暴力的攻撃がしばしばありました。つまり治安上の保全も寺院にとっては重要な要件となりました。つまり狭い意味での宗教的事柄ではなく、いわば〝総務的〟事柄を処理する立場の人々が必要でした。その仕事は、僧侶でない人たち、いわゆる〝俗人〟の人たちが担当してきたのです。あるいは半僧半俗と呼ばれる人々です。そのトップを廊坊家が代々継承するようになりました。故永島福太郎氏によれば、それは室町時代の初めに始まるといいます。俗執行《ぞくしぎょう》とも呼ばれていました。

平安時代から鎌倉期にかけて、日本の社会の上層部は武士が支配階層を握るという大きな変化を遂げました。幕府は各国に武家の守護職を置きました。今で言えば県知事ということになるのかもしれませんが、守護は軍事警察権を保有していました。ただし大和の国だけは例外でした。守護職に武家ではなく興福寺をその役といたしました。これは日本において大和だけの特殊例でした。軍事警察権の役割を果たす集団として僧兵（もっとも僧兵という語自体はもっと後の時代の用語のようですが）が興福寺に出現しました。中世の興福寺の勢力たるや他寺を圧倒するものがあったのです。興福寺の最盛期（室町初期でしょうか）には、百を越す小寺院や堂宇があり三千人とも五千人とも言われる僧侶がいたそうです。江戸時代においても興福寺の石高は二万一千石余りであり、つぎが東大寺の二千二百石で、長谷寺はわずか五百石でありました。

長谷寺は興福寺大乗院の末寺であり、大乗院住職が長谷寺の別当つまり住職をして勤めていました。ところが実際には長谷寺を運営し守護する現場のトップとして廊坊家を指名し、その体制が戦国時代末まで続くことになったのです。それが廊坊家の長谷寺での地位でした。ですから廊坊家はいわゆる僧兵ではなかったのですが、元々武家という大きな権限を持っていたのです。つまり廊坊家は一方で武士であり、他方では宗教的なことがらも管理するという二重の性格を持つことになりました。現当主の廊坊氏も二つの姓をお持ちです。

長谷寺の管理運営の責任者として、長谷寺の境内（慈心院、宗宝蔵の近くと伝えられています）に居住しておりました。戦国時代もそうでした。戦乱の時代でしたから、戦さがあちこちで生じておりました。いったん戦さが始まりますと、廊坊家は以前から用意してあった城に籠もったようです。長谷寺のそばの高束城《たかつかじょう》

廊坊篤氏とのスナップ

がそれだったのです。ところが初瀬周辺に攻め込んだ松永久秀《まつながひさひで》（弾正）により、高東城に籠もった廊坊家当主藤原順賢は一五六三（永禄六）年六月一日討ち死にしてしまいました。後継者廊坊隆賢がまだ幼少であったので、廊坊家は一時苦難の時期があったようですが、その後、隆賢が成人して廊坊家復活の道を歩み、先に挙げた起請文を一五九五（文禄四）年八月に専譽僧正から受けて、長谷寺との関係は安定したものになりました。そして今も長谷寺と廊坊家は特別な関係にあると双方が認めています。廊坊家もその驥尾《きび》にふして物心両面にわたり、長谷寺をサポートしてきたということができるでしょう。

実際問題として、入山当時、専譽僧正一行も長谷寺の歴史や実務にまったく暗かったわけですから、廊坊家および長谷寺内外の従来からの関係者の助力は不可欠であったと思われます。こうして武士としての廊坊家の伝統は専譽僧正入山後、変化することになりましたが、元々は廊坊家にあった鎧が宝物として長谷寺に保管されていますし、現当主によれば刀剣も百振り以上あったとのことですが、後に処分したとのことです。

三　廊坊家と時宗

ところで、廊坊篤氏との話のなかで、興味深いもののひとつが廊坊家と時宗僧とのかかわりです。時宗とは鎌倉時代末期に興った浄土教系の仏教宗派の一つです。

開祖の一遍上人は亡くなられる直前、所持していた経典などわずかを残すものの、その他の書物を焼き捨てられました。「捨てる」ということを常に念頭におきながら、ひたすら全国を遊行し「南無阿弥陀仏」の念仏札を人々に配り、踊り念仏を民衆と実践しながら全国を旅し、布教して歩きました。その徹底した仏教的思想と行動に共感するひとが今でもたえません。一遍上人没後も時宗僧は各地で大きな影響を与え、特に中世においては寺々の勧進活動において、日本仏教界に多大な足跡を残しました。

中世以降、長谷寺においても何度もの観音堂火災がありましたが、その復興には時宗僧侶の活躍が欠かせないものであったと考えられています。しかし、宗祖の生き方もあり、記録として残りにくい活動振りであったことから、その詳細は今後の研究に待たれるところです。近代になり日本仏教が宗派仏教として固定化していく過程で、その存在もかつてのように耳目を集めることがなくなったように思いますが、一遍上人の執着を「捨てる」という生きざまは依然として人気を集めています。

廊坊家には、時宗第二十一世が廊坊家を出自としたと伝えられており（一五〇〇年ごろか）、第三十一世が廊坊家に立ち寄ったことがあり、その時に書き残したと伝えられる「南無阿弥陀仏」の六字名号の掛け軸が伝わっています。

また長谷寺には「定和上人座像」という南北朝時代制作という仏像が祖師堂に伝わっており、一説には時宗の遊行僧であったとも言われています。本書で論じている長谷寺の連歌とか能楽の伝統の形成と発展にも、時宗僧は深く関わっていた可能性はあります。日本仏教における文芸の伝統に時宗僧が重要な役割を果たしてきたことは、かねてより指摘されてきたことです。

加えてまた、かつて門前町入り口にあった大鳥居の額は時宗七代上人の書によるものでありますし、與喜天満宮の鳥居の額は時宗第十四代上人の筆によるものという伝承もあります。奈良地方は東大寺、興福寺等の大寺院の勢力が強く、時宗の展開はままならなかったといわれていますが、その中で長谷寺は時宗僧との関係があった数少ない寺院とも言われています。

専誉僧正およびその弟子らの活躍で長谷寺が新義真言宗本山という地位を確立していくに従って、新義真言宗ゆかりの者のみが存在価値を高めていくという傾向があります。これはひとつ長谷寺に限らず、宗派仏教が強調されていく近代の日本仏教界では、どの宗派でも似たような傾向をたどっているのではないでしょうか。そうした方向になる理由も理解できないわけではありませんが、しかし、長い歴史の中でその時その時に重要な役割を果たして来た伝統が過度に無視されていくことはいかがなものでしょうか。長い発展の歴史の中で育まれてきた多様性は、そのお寺にとって貴重な財産であると思います。

十九、長谷寺における非日常と日常

私は、いままで長谷寺における多様な世界を明らかにしようとしてきました。その典型的例として、江戸時代の学山長谷寺という世界と、それとは対照的な「遊び」の世界、のふたつの世界が同時に長谷寺にはあったということを示唆しました。その流れは時代が進んでも、戦後の牡丹祭りにその雰囲気が残っていたのではないかと申し述べたところです。私は「厳粛な学山長谷寺の世界（専誉僧正が持ち込んだ世界）」も「遊び的要素が顕著な世界（専誉僧正入山以前からの長谷寺の側面）」も、双方がともに長谷寺という「非日常的時間と空間」に共存しているといえると思います。謹厳実直な勧学院の世界と、連歌に夢中になり能楽に見入り馬鹿踊りにほうけている世界とはまったく対照的ですが、長谷寺という同一の空間、時間のもとに併存していると考えます。

豊山派の表現からいえば、千三百年の歴史を持つ旧来からの長谷寺という組織の中に、新義の小池坊（根来寺以来の新義真言宗を象徴するお寺、小池坊は妙音院ともいった）が入り、次第に長谷寺を支配するようになった、ということになると思います。宗史的にはその表現でよろしいかと思いますが、私の学問的立場から言えば、旧来からの長谷寺と、新たに入った専譽僧正をトップにいただく小池坊や勧学院とは、上下ではなく並列した組織であると捉えてみたいと考えるわけです。

このように価値的には対立するが同時に併存する時空を、「聖と俗」という対語で表現する場合もあると思います。しかし「聖」という語は「清らかさ」あるいは「神々しさ」といった意味が強いのに対して、「俗」という語は「下品な」「俗っぽい」というニュアンスがあるように、「聖と俗」で言い表すのはあまり適切ではないと思います。「聖」のほうが「俗」よりも上位概念であるという感じが拭えません。私は「聖」も「俗」も対等だと考えておりますので従来からの、価値的格差をうかがわせる「聖俗」論はふさわしいとは思っておりません。

ではどのような表現が適切でしょうか。「聖」という語にも「俗」という語も、既成の価値観がどっぷり浸かっているので、私は双方の世界を引っくるめて「非日常的時間・空間」と表現したいと思います。「非日常」とは「日常ではありえない」「普段では起こりえない」ということで、さらにいえば「超現実的なこと」「摩訶不思議なこと」という意味です。

学山という表看板を自他共に担っていた伝統のなかでは、先に紹介したような、踊り狂った話などというのは決してあからさまに公表されないことが普通です。緊張の毎日であった勉学の学山としては秘しておくべき話というような評価もあるでしょう。もっと厳しい意見となると、こうした馬鹿騒ぎは学山として恥ずべきことであり、そうした騒ぎをするのは一部の不真面目な異端分子であり、そういう輩には厳しく対応したものであるという立場も予測できます。しかし、世界の聖地では、一方における著しい厳粛さとともに、他方、厳粛さとは正反対の遊楽の世界がほぼ隣接して存在しているのを私たちは知っています。

日本でも東京浅草寺とそれに隣接する歓楽街、長野市の善光寺とそれに隣接する飲食店街、名古屋市の大須観音とその門前町などいくつも例がありますが、近世以降でこの手の神仏の世界と反道徳的世界が共存していた代表的な例に伊勢神宮があります。

江戸時代、日本の村落津々浦々まで講員が順繰りにお伊勢さんにお参りするために伊勢講（神明講）が作られました。ところが伊勢講員の間では、「伊勢参り、大神宮にもちょっと寄り」という不謹慎きわまりない川柳が語り継がれてきました。伊勢には、いまも地名は残っていますが古市《ふるいち》という有名な歓楽街があり、そこへ行くことが伊勢参宮の隠れた目的になっていたのです。『東海道中膝栗毛』でも弥次さん、喜多さんが伊勢神宮にお参りする前に古市にいっているような始末です。古市は多数の遊女を抱える遊郭が軒を連ね、その他に芝居小屋、土産物屋などお遊びには欠くことのできない店舗が連なっていたようです。

このように聖の世界と非聖の世界、聖の世界とそうでない世界が隣接するという、不思議の世界は世界の聖地で普通に見られる光景です。こうした相対立する価値が併存するようなシーンが、聖地ばかりでなく普通の宗教儀礼とか儀式のなかでもしばしば起こっていることは、私が長らく研究してきた宗教現象のなかでは頻繁に見られる現象です。葬儀やご法事における厳粛な儀式と後席の会食という二元的仕組みもこれに準ずるものでしょう。

こうした枠組みでもう一度、長谷寺のケースを考えてみましょう。一方は長谷寺が自ら誇っていた厳しい勉学と修行の世界です。ところが他方、もう一つの世界には、初瀬の盆踊り、連歌会、能楽の世界です。「遊び」という概念で括ることができます。また時代は下りますが、戦後の長谷寺の牡丹期において起こっていた、美しい牡丹と非常識な社会的行動との世界も同じような対立する価値観の併存ということになろうかと思います。

先に紹介した学問の世界と盆踊りの世界の、対立する価値を整理してみるとつぎのようになります。

長谷寺の勧学院の世界(A)	長谷寺の盆踊りの世界(B)
学問	遊び
儀式性	放縦
真面目	ふざけ
静	動
清潔	猥雑
昼	夜
序列	無階級
実名	匿名

秩序	無秩序
格差	平等
決まった僧服	仮装

豊山長谷寺という一つの世界のなかに、異なった価値を持つ二つの世界があると私は読み取りたいのです。先のリストはまだまだ長くなろうかと思います。一方の(A)の価値が強くなればなるほど、他方の(B)の価値もバランスをとるために強くなる傾向があるのです。ちょうど、左右のバランスをとる秤《はかり》のようになるのです。極端とまで言えるような厳粛性と極端なまでの反道徳性の双方が相並んでいるのが非日常性の世界です。長谷寺にはその両方が存立しながら、平凡な日常に相対峙していたに違いありません。

つまるところ、私のいいたいことは、(A)の世界も(B)の世界も必要、(A)の世界の存立には(B)も必要ということです。このように考えると先の「初瀬の盆踊り」の文をお書きになった田中大僧正らの文調から感じられる「盆踊り」世界への肯定姿勢も理解できるのではないでしょうか。

以上の世界を図式化してみるとつぎのように表現できるのではないでしょうか。

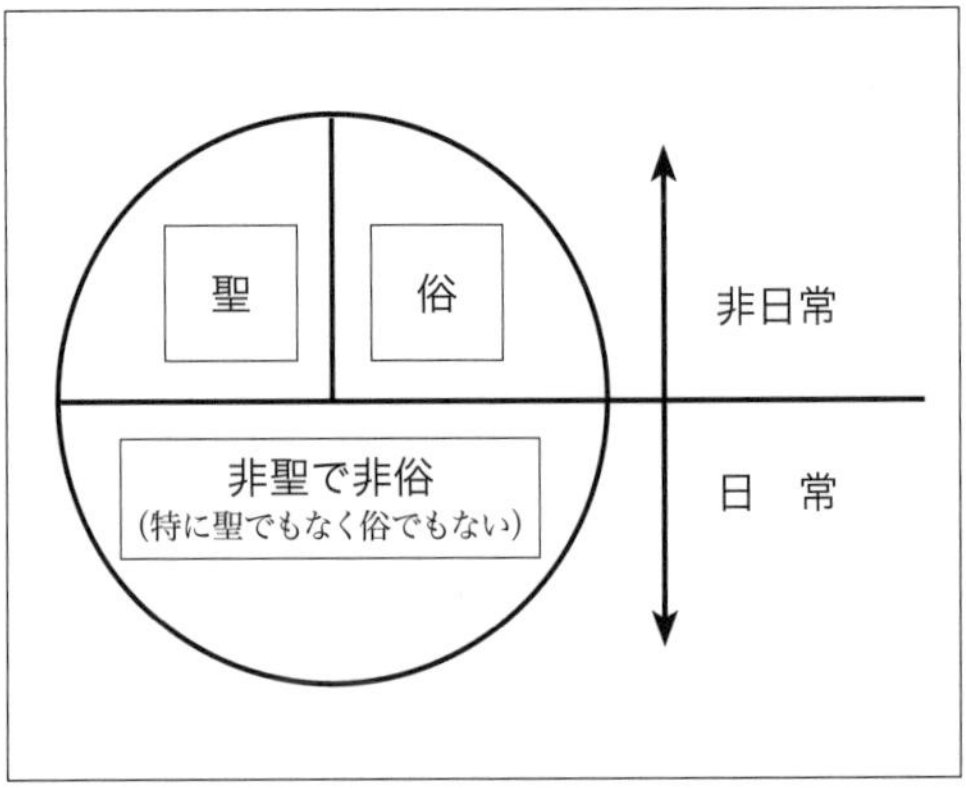

長谷寺　聖俗図

つまり、聖も俗も非日常的な世界ですが、日常は特に聖でもないが特に俗でもないということになります。

このように、宗教的な世界の位置とは、〈聖なる世界〉と〈聖ではない俗の世界〉が隣接して存在しており、両者の間にははっきりとした境界はあるものの隣接しているのです。これは世界の多くの聖地でみられる価値世界であり、長谷寺でもそれが長い間存在してきたということだろうと思います。

現代社会は、聖の世界の維持もなかなか難しくなってきていますし、聖に隣接する俗の世界もまたそれが有する非社会性、非秩序性がゆえに抑圧されるか社会的に抹消されていく傾向が見られるということであろうと思います。

私のこのような解釈をお聞きになると、「あなたは、聖の世界と俗の世界を同じレベルにおいているのではないか、それはおかしい。聖の世界は上位の価値をもっているのに対し、俗の世界はあくまで下位の価値であるはずだ」というご意見もおありかと思います。私は両者に価値の上下はないと考えています。どちらも両方があってこそ一方も存立しうるものであるという考えです。平たくいえば、踊り狂う世界はあくまで「息抜きの世界」であるという立場ではありません。厳粛な「学問」の世界が成り立つのは、それと正反対の俗の世界が隣接しているからです。双方があって両者は存立しうるものだということです。

エピローグ

総本山長谷寺は名刹ですが、京都や奈良の有力寺院とは大きな違いがあります。このことは長谷寺の基本的性格を考えるときに大切なことだと思います。長谷寺は、都の有力寺院とはかなり異なった性格を持った寺院です。京都は、今日の日本において仏教が社会の中で特別な位置を占めている都市であり、寺院文化、仏教文化が「見える」存在となっている都市であると思います。仏都と呼んでいいでしょう。有力寺院がひしめき、また門跡寺院という言葉があるように、皇族、公家が住職を代々務めるという特別なお寺がいくつもある都市という意味でもあります。

他方、翻ってみると長谷寺はその誕生から私寺でした。官寺ではありません。九世紀になり官寺に列することになりますが、その頃には多くの大寺が官寺に名を連ねることになりました。都が京都へ移り、ますます長谷寺からの距離が開くことにより、官とか皇族とか公家の世界とは距離のある寺となったと思います。皇族、公家たちの長谷寺詣もありましたが、その繋がりが何代にもわたって継続するということではありませんでした。

歴代天皇の長谷寺参拝は歴史的に確実なものは二回であり、一回目は七六八（神護景雲二）年十月の称徳天皇の参拝です。称徳天皇は聖武天皇の息女つまり女帝です。第二回目は二〇一〇（平成二十二）年十月の明仁上皇陛下と美智子上皇后陛下の長谷寺参拝です。このように皇族、公家との親密な関係が長く結ばれていたという記録はありません。

つまるところ、長谷寺は千三百年の長い歴史を通して官の寺ではなく私寺が基本的なあり方でした。その基本的性格は専誉僧正が長谷寺入山のときにも存在していました。民衆的信仰で賑わう寺であったことにも現れています。その性格は近代になっても牡丹による賑わいで一山が栄えたことにも表れています。有り体にいって、官の寺と私（民）の寺のどちらがいいかということになると、それぞれの特徴があり俄《にわか》に決めることができません。ただし少なくとも現代には官の寺は存在しません。信者さんを相手に約一千三百年の歴史で培われたさまざまなことは、これからのお寺のあり方のノウハウとして現代的展開を行うには有利と言えるかもしれないのです。近代以降の世界の宗教史では、特定のエリート層の宗教ではなくマス（民衆や一般人）の宗教という点こそが、宗教としての力を発揮できるとみられています。

長谷寺が実質的に新義真言宗豊山派の総本山という存在になったのは、一五八八（天正十六）年の専誉僧正入山以来です。つまり豊山派の総本山としての歴史は、長谷寺全体の一千三百年の歴史の中での約五百年です。それにくわえて、専誉僧正入山以前の八百年の歴史的重みを長谷寺は有しているのです。摂関期の女流作家たちの長谷寺詣、能楽や連歌の隆盛というようなこれら長谷寺一千三百年の多彩な歴史は、単に近代的意味での一仏教宗派の総本山という枠ではなく、仏教伝来以来の輝かしい、より普遍的な仏教文化の煌《きら》めきを有していると言って良いのではないかと考えています。

明治期後半になり、長谷寺の基盤を支えていたのは、真言宗豊山派所属寺院の檀家の団体参拝でした。豊山派の総本山である限り、豊山派所属寺院の檀信徒の本山参拝はこれからも続くと思います。しかし現代の問題は過疎化、少子化による団体参拝の規模縮小です。それに代わって増えてきたのが、海外からの参拝客、観光客つまりインバウンドの増加です。しかし、海外からの観光客はコロナ禍でのさまざまな規制でもわかるように、かなり不安定な条件がつきまといます。国内で大きな災害がおきた場合にも海外観光客の数は影響を受けることになりましょう。

かつての、かなりの非厳粛さや不道徳性が伴った聖空間の復活は社会的に容認されるものではありませんが、近現代社会での「遊び」要素の充実は長谷寺にとって大変重要なことになるのではないでしょうか。フィクション、ノンフィクションに限らず、長谷寺のいわば、「テーマパーク」的性格はその長い歴史の根底に息づいているものだと思います。未来における長谷寺の発展は、人間にとって極めて深い意味をもつ「遊び」的世界の復興がひとつのキーだと考えています。

後　記

本書のなかでも何度も触れていますが、私の専攻は宗教学であり、文献を扱うよりも参与観察を中心とする研究が私の研究活動の中心でした。たとえ純粋の研究書ではなくとも、本書は文献をふんだんに参考にしており、私にとっては研究者生活では初めての一般向けのものであり、そして最後のものであろうと思います。当然のことながら不備があらわになるので、それを補充するために、さまざまな方々に、恥を忍んであえて質問してご教示を頂きました。大正大学の堀内規之教授、藤田祐俊講師には一方ならぬお教えを頂戴しました。それに加えて豊山史や日本仏教史を専攻なされている多くの諸兄にもアドバイスをして頂きました。さらに長谷寺寺務長川俣海淳氏、教務部主事瀧口光記氏を始め総本山長谷寺の関係者には写真提供まで含めて大いにお世話になりました。また真言宗豊山派宗務所の職員にも資料的な面を含めて多くのお教えを頂き便宜をはかっていただきました。市橋俊水氏には文中のカット提供をお願いしました。その他、まだまだ多くの方々にお世話になったのですが、煩瑣と不要な漏れを避けるためお名前を挙げての謝辞は控えさせていただきますが、大勢の方々に大変お世話になりました。

私は二十二歳のときに今の福蔵院の住職に就任しました。すでに五十年以上が経過しており、宗派からも永年勤続の住職として表彰まで受けました。私の五十年以上の住職在職生活は、そのほとんどを宗門大学である大正大学での研究者生活と教育者生活とに重複しております。その間、二足の草鞋生活から福蔵院の檀信徒の皆さんにはご迷惑をおかけしたこともあったと思います。しかし檀信徒の方々には終始温かく接していただきました。今思うと檀信徒の皆さんに私はここまで育てていただいたという思いで一杯です。心より感謝申し上げる次第です。さらに家族および自坊関係者諸氏の協力がなければ小著を完成することはできませんでした。心より御礼申し上げます。

本書を書き上げた感想を述べますと、大変楽しい執筆活動であったと感じております。それが良いことなのか、内容的に薄いものなのかは私自身には判断がつきかねるところで、お読みになって頂ける諸氏のご判断におまかせさせていただきます。

実は昨年四月に直腸の手術をしました。術後の様子を主治医から聞かせていただくと本人が認識していたよりも重大な手術だったようです。しかし令和四年になり、大腸のノーマルな機能を取り戻すための治療に進んでいただけたので、ありがたいことだと感謝しています。自分の好きなような長谷寺論を展開したにもかかわらず、長谷の観音さまは寛大なお計らいをくださり、どうやら生き延びさせていただいたのかと思っております。お釈迦さまの掌を乗り越えることができない孫悟空のような気持ちであり、改めて感謝する次第です。

末尾になりましたがノンブル社の高橋康行氏には出版に当たり、大いにお世話になりました。感謝いたします。

令和四年二月

星野英紀

増補改訂版　後記

『初瀬の寺散歩―私の長谷寺論』を上梓してから約一年間が経過しました。以前から考えていた新たな章を三章付け足し、さらに数章で文章の書き増しと訂正を行い、加えて全体的に文体などを修正し、増補改訂版として出版することにしました。新たな章は第十五章「だだおし」、第十七章「豊山派海外布教拠点の香港居士林」、第十八章「長谷寺と廊坊家」です。前著に収録した「(附録) 弘法大師と奈良盆地」は都合により本書からは削除しました。

多様な長谷寺を適切に概観するためには、まだまだ不足な部分が多いのですが、この増補改訂版にて、「私の長谷寺論」は取り敢えず完結とさせていただきます。

令和五年五月

星野英紀

星野英紀 ほしの・えいき 略歴

略　歴

1943 年12月　東京生まれ
1968 年 3 月　大正大学大学院修士課程修了
1971 年 3 月　シカゴ大学大学院修士課程修了
1973 年 3 月　大正大学大学院博士課程修了
1997 年 4 月　大正大学教授
2000 年10月　文学博士
2003 年12月～ 2007 年 3 月　大正大学学長
2005 年 9 月～ 2008 年 8 月　日本宗教学会会長
2007 年 4 月～ 2017 年 6 月　（公財）国際宗教研究所理事長
2016 年 7 月～ 2020 年 7 月　真言宗豊山派宗務総長

著書

2000 年11月　『四国遍路の宗教学的研究』（法蔵館）ほか、論文多数

増補改訂　初瀬《はつせ》の寺散歩《てらさんぽ》―私の長谷寺論

2023 年 6 月 15 日　第 1 版第 1 刷発行

著　者　星野　英紀
発行者　竹之下正俊
発行所　株式会社ノンブル社
169-0051 東京都新宿区西早稲田 1-8-22-201
電話 03-3203-3357　FAX 03-3203-2156
振替 00170-8-11093

装丁 : 石幡やよい

ISBN978-4-86644-035-4 C0015

印刷製本・亜細亜印刷株式会社